人 仁 集

——"人人"事业 40 周年征文选

郭少为 主编

浙江工商大学 出版社
ZHEJIANG GONGSHANG UNIVERSITY PRESS
·杭州·

图书在版编目(CIP)数据

人仁集："人人"事业40周年征文选 / 郭少为主编. —
杭州：浙江工商大学出版社，2023.12
ISBN 978-7-5178-5792-1

Ⅰ．①人… Ⅱ．①郭… Ⅲ．①汽车工业－零部件－工
业企业－概况－杭州－文集 Ⅳ．①F426.471-53

中国国家版本馆CIP数据核字(2023)第205564号

人仁集——"人人"事业40周年征文选
REN REN JI——"RENREN" SHIYE 40 ZHOUNIAN ZHENGWEN XUAN
郭少为 主编

责任编辑	刘志远　金芳萍
责任校对	李远东
封面设计	胡　晨
责任印制	包建辉
出版发行	浙江工商大学出版社
	（杭州市教工路198号　邮政编码310012）
	（E－mail：zjgsupress@163.com）
	（网址：http://www.zjgsupress.com）
	电话：0571-88904980，88831806（传真）
排　版	杭州彩地电脑图文有限公司
印　刷	杭州宏雅印刷有限公司
开　本	710 mm×1000 mm　1/16
印　张	20
字　数	226千
版 印 次	2023年12月第1版　2023年12月第1次印刷
书　号	ISBN 978-7-5178-5792-1
定　价	105.00元

编委会

序

　　从 1995 年到 2003 年，我担任浙江省政府分管工业的副省长。

　　为发展和规划浙江的汽车工业，改变浙江省只有汽车零部件企业没有整车生产企业的局面，1996 年和 1998 年，我先后两次带领浙江省内十几家汽车零部件企业的领导，赴上海大众汽车有限公司和武汉神龙汽车有限公司进行考察和学习。杭州人人集团总经理郭长财也一同参加了这两次考察。在人人集团的不懈努力下，神龙公司和杭州市政府达成共识，把富康轿车引入杭州出租车市场。作为回报，神龙公司给予杭州人人集团成为神龙和 PSA 供应商的承诺。经过 20 多年的顽强拼搏，不断研发，创新汽车电器（子）产品，人人集团在生产规模、产品质量、企业管理、市场营销、配套能力等方面都得到了长足发展，公司现已成为杭州市重点工业企业和纳税大户，企业获评中国汽车电器（子）十强企业，并连续多年被评为国家高新技术企业。

　　更可贵的是，企业得到快速发展的同时，始终不忘承担社会责任，先后接纳 90 多名残疾人进企业就业。

2013年12月16日浙江省人大常委会原副主任叶荣宝在"人人"事业30周年庆典大会上致贺词

2013年12月16日浙江省人大常委会原副主任叶荣宝在"人人"事业30周年庆典大会上为郭长财董事长颁发终身成就奖

2013 年 12 月 16 日，我有幸参加杭州人人集团成立 30 周年大会，受益匪浅。2023 年是人人集团成立 40 周年，所有员工都感慨万千，积极撰稿，创作书画、摄影作品，从各个层面和视角谱写创业创新的篇章，文中简朴的哲理、真挚的情感至纯至真，令人感叹，现已编撰成册。文集的意义在于传承，在于发展，意义重大。"人人"精神是企业文化的内涵，也是百年"人人"之真谛。祝贺"人人"！

追风赶月莫停留，平芜尽处是春山。

叶荣宝

（浙江省人大常委会原副主任）

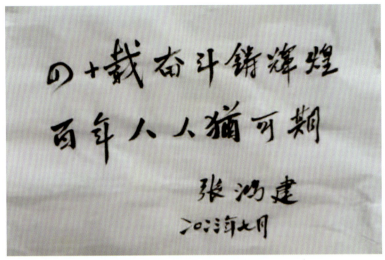

2023 年 7 月杭州市政协原副主席张鸿建为"人人"事业 40 周年致贺词

2023 年 6 月杭州人人集团质量部科长陈忠奎书法作品一

2023 年 6 月杭州人人集团质量部科长陈忠奎书法作品二

2023 年 6 月友人陈皆喜书法作品

2023 年 6 月浙江人人集团采购科蔡宏霞剪
纸作品

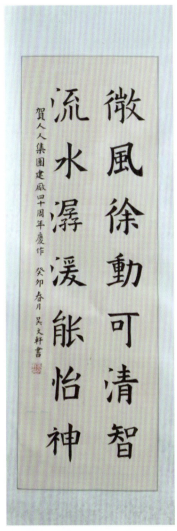

微風徐動可清智
流水潺湲能怡神

贺人人集团建厂四十周年庆作
癸卯春月吴文轩书

2023年6月浙江人人集团员工子女
书法贺词

祝贺人人事业四十周年

把眷思您的心，斯成星星高挂天空，把祝福您的心愿，荡漾在您的身边。平安夜的钟声，祈祷人人的全体员工和家属和和美美，甜甜蜜蜜，莺歌锐果，快乐每一天！

百岁"人人"！万岁祖国！

99岁寿星锦堂老校友 蔡之湘
95岁寿星杭师老校友 玉晓慧

书贺词 九旧谊 同欢乐

2023年6月6日

2023年6月6日杭州市政协原副秘书长蔡之湘祝
贺"人人"事业40周年

2018 年 7 月 1 日集团全体党员和入党积极分子在四明山烈士纪念碑前重温入党誓言

2018 年 7 月 1 日集团全体党员和入党积极分子在革命老区四明山组织党建活动

2021 年 7 月 1 日浙江人人集团党支部活动——建党 100 周年支部合影

2021 年 10 月 30 日集团全体党员和入党积极分子等活动合影（仙都）

2016 年 9 月 7 日杭州人人集团有限公司在海宁钱江君廷酒店召开供应商大会

2018 年 11 月 27 日集团召开供应商大会，会后参观长兴寿圣寺并合影留念

2023 年 4 月 22 日杭州人人集团员工家属团建——
兰里学农研学

2023 年 4 月 22 日人人集团员工子女在兰里研学挖土豆

2023 年 4 月人人集团技术部人员在横店团建留影

2021 年 8 月 7 日杭州人人集团
工会组织残疾工友及家属游运河
留影

2021 年 8 月 7 日杭州人人集团工
会组织残疾工友在运河上乘游船

2021 年 8 月 7 日杭州人人集
团残疾工友在塘栖王顺兴聚餐

2022 年 8 月 5 日杭州人人集团工会组织残疾工友及家属联谊活动合影

2022 年 8 月 5 日杭州人人集团工会组织残疾工友及家属在湘湖游览合影

2015 年 10 月 29 日广本采购部长在现场考察

2018 年 5 月 14 日长兴县县长杨中校走访浙江人人集团

2018 年 5 月 28 日长兴县委书记周卫兵走访浙江人人集团

2018年6月9日时任湖州市委副书记、市长钱三雄走访浙江人人集团

2018年10月24日长兴县委副书记、县长石一婷到浙江人人集团走访

2019 年 11 月 1 日北京福田戴姆勒汽车审核配套产品通过，团队合影

2021 年 3 月 24 日杭州市、区老领导到浙江人人集团参观留影

2020 年 5 月 16 日人人集团组织干部家属（长）参加午宴，董事长感谢家属支持工作

2020 年 5 月 16 日人人集团董事长在干部家属（长）午宴时为家属发红包

2023 年 1 月 30 日杭州人人集团于春节假期后发开门红包

2023 年 1 月 30 日浙江人人集团于春节假期后发开门红包

2020 年 9 月 29 日
浙江人人集团 3 周年
庆典大会

2020 年 9 月 29
日浙江人人集团 3
周年庆祝晚会——
装配车间舞蹈表演

2021 年 9 月 29 日浙江人人集团张灯结彩共同庆贺
成立 4 周年

2021 年 9 月 29 日 浙江人人集团
庆祝成立 4 周年，举行升旗仪式

2022年9月28日浙江人人集团召开5周年庆祝大会

2022年9月29日浙江人人集团庆祝成立5周年——在锦园组织活动合影

2022年9月29日浙江人人集团成立5周年时在锦园团建

2022年9月29日浙江人人集团司庆5周年，在锦园组织拔河比赛

2016 年 12 月集团"人人牌"汽车电器获得浙江名牌产品证书

2016 年 10 月杭州人人集团获得"中国汽车电机电器电子行业电子电器十强"称号

2017 年 11 月 13 日杭州人人集团复评获得国家高新技术企业证书

2018 年 2 月杭州人人集团获得杭州市总工会授予的"先进职工之家"称号

2018 年 5 月 4 日杭州人人集团获得杭州市"拱墅区大树企业"称号

2018 年 12 月杭州人人集团乘用车电源插座自动装配流水线获得"2018 年度杭州市职工'五小'创新成果"奖

2020 年 3 月 12 日杭州人人集团获得广汽丰田 2019 年度品质协力奖

2020 年 12 月 17 日杭州人人集团收到东风本田感谢状

2020 年 12 月杭州人人集团复评又获国家高新技术企业

2021 年 3 月杭州人人集团获得广汽丰田 2020 年度原价协力奖

2021 年 5 月上汽电源插座机器人全自动装配机获得"2020 年度杭州市职工'五小'创新成果"奖

2021 年 9 月 26 日杭州人人集团获评浙江省"'守合同重信用'企业"称号

2021 年 12 月杭州人人集团获得杭州市专利试点企业

人人集团获得广汽传祺 2021 年度最佳供应奖

2022 年 2 月杭州人人集团获得杭州市"拱墅区抗击疫情先进民营企业"荣誉

2022 年 3 月杭州人人集团获得 2021 年度杭州市拱墅区慈善事业突出贡献奖

2022 年 12 月杭州人人集团获得"浙江省专精特新中小企业"称号

2023 年 2 月杭州人人集团荣获 2022 年度拱墅区"产业赛道领跑企业"称号

2023 年 2 月杭州人人集团荣获拱墅区 2022 年度"产业赛道领跑企业"称号

2023 年 4 月杭州人人集团获得"拱墅区 2022 年度平安示范单位"称号

2020 年 2 月浙江人人集团获"长兴县 2019 年度突出贡献企业家"称号

2020 年 12 月 1 日浙江人人集团首次获得国家高新技术企业证书

2021 年 2 月浙江人人集团获评 2020 年度湖州市数字车间

2022 年 12 月浙江人人集团获得湖州市统计局颁发的诚信示范企业

浙江人人集团获浙江省科技型中小企业证书

2014年5月袁伟国获"2013年度拱墅区优秀科技工作者"称号

2014年12月郭少为总经理被评为"杭州市优秀中小企业家"

2015年11月袁伟国设立拱墅区袁伟国钳工技能大师工作室

2016年5月郭少为总经理获"杭州市劳动模范"称号

2016年12月钱国钧总经理获"第三届杭州市优秀中小企业家"称号

2017年12月郭力为总经理获"第四届杭州市优秀中小企业家"称号

2017 年 11 月郭少为总经理获"杭州市优秀企业家"

2022 年 4 月袁伟国钳工技能大师工作室获市级"技能大师工作室"称号

2022 年 5 月袁伟国获杭州市"拱墅区劳动模范"称号

2022 年 6 月赖军获"拱墅区担当作为好支书"荣誉称号

2023 年 5 月袁伟国被授予"浙江省五一劳动奖章"

2023 年 5 月袁伟国荣获"浙江省五一劳动奖章"

目　录

遇见人人

成长足迹篇

人人集团的"坚持"

2023 年，人人集团将迎来成立 40 周年庆典。为了编好庆贺公司成立 40 周年文集，公司开展"有奖征文"活动，并专门组织编委会，召开了相应的工作会议，确定了编撰的宗旨和风格。

记得 10 年前，公司汇编了《春华秋实半甲子》的文集，并由浙江人民出版社出版，我看了书里的大部分朴实无华的文稿，感慨良多。这些年，我与我们的校友郭长财董事长等人人集团的核心成员有过很多交流，偶尔也会思考这样一个问题：一家企业如何才能踏着坚实的脚步稳扎稳打、奋力前行？

显然，这是一个实践问题，也是一个需要从不同角度去深层次探讨的理论问题，肯定不是三言两语就能说得清、道得明的。但我想，一个持续稳健、高质量发展的企业，一定有它内在的文化特质。比如，对自己认准的、自觉有意义的事情一定要坚持不懈地做下去。又比如，诚以待人，严以律己，锐意进取，精益求精，始终坚守为人处世的基本原则。

这些都是企业十分难能可贵的品质。

几十年过去了，我从人人集团身上看到了这种"坚持"的特质和力量。首先，他们专心致志，始终坚持做实体经济，做汽车电器产品。虽然近些年企业规模扩大了，业务拓展了，新的高楼大厦建起来了，在杭州之外的长兴厂区也红火了，但是他们办企业的初心没有变，艰苦奋斗的本色没有变。郭少为和郭力为两兄弟从高校毕业之后，继承父业，在自己的分管领域精耕细作，奋发有为，成了典型的"创二代"。经过两代人的努力，企业的路子拓宽了，品质提升了，但它的主业并没有大的变化。

其次，人人集团始终注重成果的分享。20多年来一直坚持每年两次提薪，的确是难能可贵的。公司内部，逢年过节坚持给员工发红包；持续奖励优秀员工，帮扶困难员工……公司外部，几十年前的客户成了永远的朋友，大家像亲戚一样经常走动，共享当下的美好生活；大学学习期间的老师、同学也是分享的重要成员。有一件事令我印象特别深：两年前，董事长投资纸黄金Au 99.99，结果被套。后来他凭借对市场的洞察和自信的坚持，终于成功解套；为了庆贺，更为了友谊，他专门设宴邀请"人人网"里的好友一起欢聚。我这里讲的"分享"不仅指物质的，更多是精神和信息层面的，这是一种与人为善的德行。近年，每逢双休日或节假日，郭董经常带公司同事出门旅行，游览各地的名山大川、名胜古迹。他会随时在群里推送风景照，并利用休息时间撰写短文，发表感想，与群里众友分享。每天早上七点左右，我们总能在"人人网"的好友群里享受到郭董发的"财经早餐"。公司里专管财务的王彩凤、范莹婆媳两人都是金融与财务领域的高手，不仅分析问题透彻，而且擅长实操。她俩对身边亲友在财经方面的帮助和指导，几年如一日，可谓不厌其烦，这是另一种意义上的分享。

　　多年来，人人集团始终坚持必要的文化仪式和文化活动。每年国庆节，长辈带着小朋友举行升国旗仪式，从小进行爱国主义教育；遇到公司的重要日子，简朴而庄重的庆典也一定是不会少的。记得我至少参加过 3 次这样的庆典，其中有一次是 2010 年 9 月，浙江大学人文学院与人人集团公司合办的"人人论坛"。还有一个延续了很多年的传统，那就是每年元旦前的晚上，集团公司骨干以上干部带家属近百人集中赴径山寺辞旧迎新，祈福平安，充满浓浓的仪式感。

　　可贵的"坚持"，百年的保障！

黄华新（浙江大学教授、博导）

2023 年 7 月 2 日

过往的碎片

岁月如梭，一眨眼"人人"事业走过了 40 年的历程。一个规模和名气都不是很大的民政福利企业，却一直在汽车电器（子）行业为国家勤勉努力，创新奋斗，并且取得了良好的社会效益和经济效益，真是很不容易，也是值得骄傲的！

一个企业能够有良好的业绩和快速的发展，往往与企业的理念，特别是企业"领头人"的精神与品格是分不开的。

由于工作的关系，我对人人集团和集团当家人老郭是比较了解的。有一件事我印象深刻：

1995 年，我刚调入拱墅区政府工作。一天接到市政府的电话，说是我们区的杭州汽车电器厂有人去了上城区政府，原因是这个厂在上城区城站城市信用社存的 200 万元款项收不回来。接到电话后我马上赶到上城区人民政府，找到了郭厂长，了解到的情况是：两年前经人介绍，城站城市信用社来杭州汽车电器厂拉存款，答应有优惠利率，后来这个厂就把200万元存入了这个信用社。可是这个信用社出问题了，造成到期的200万元存款拿不出。交涉再三，款项仍拿不到，厂里急了，就到这信用社的上级区政府去反映，要求解决。我也向上城区领导做了了解，事实也确实如此。于是我对老郭和工人们耐心地做了解释，承诺一定和上城区政府领导继续沟通，努力帮助解决。上城区有关领导也给了承诺，一定积极设法解决。当时，因为城市信用社有违规的做法，资金成了"八个瓶子七个盖"，到后来难以为继。市政府对此事高度重视，专门组织工作组做了调查，调查的情况反映了两个问题：一是这个信用社为了拉存款，采用高利息手段。二是杭州汽车电器厂当时存了200万元，同时把20万元现金装在一只包里送给了郭厂长，郭厂长当场就拒绝了，没有收。这个情况市工作组再三了解并予以确认。工作组在查清信用社资金情况后，第一时间把200万元款项还给了杭州汽车电器厂。

这件事给我留下了较深印象，一家不大的企业，一个企业负责人，面对着社会上习以为常的风气，能冷静、正确地对待，而不是见钱眼开，这是很了不起的。企业的成长，不是靠一时的名气或利益，归根到底靠的是属于自己的"底气"和企业当家人的"正气"。事实证明，只有按制度、按规矩办事，凡事守住底线，最后才不会吃亏。

今天回忆这些，又看到"人人"事业在稳健发展，为打造百年"人人"而奋斗着，我是充满信心和希望的。祝贺"人人"！

许勤华（杭州市第十三届人民代表大会常务委员会原副主任）

2023年7月13日

求　真

做人是一种态度，以小见大。以什么样的态度做人，就会以什么样的态度做事。

人人集团成立 40 周年，之所以有今天这样辉煌的成绩，天时、地利、人和固然重要，但是在我看来，人人集团今天的成就，与"人人"的团队真诚做人、认真做事的态度是有直接关系的。

做事认真，大部分人都能做到，但是把"认真"两字做到极致，那就不是一般人能做到的了。

极致的标准是什么？我想，极致的标准就是，不但要让别人放心，更重要的是让自己放心。

做产品，能否让别人放心，那是别人的感受，但只有让自己放心，最终才能让别人感受到放心。

我与郭董有近 40 年的交情，他一直以来重视朋友情谊，时而会将一些他觉得健康、美味的农副产品赠给好友，连他家里自己种的桑葚果都会做成浆，拿来与朋友一起分享，感觉与家里人一样。他说："佛教讲究分享，度人也是度己。"

记得那是一个秋天的傍晚，郭董给我打来电话，说要让司机给我送几只螃蟹尝尝。那天，我家里正好买了十几只螃蟹，再送来怕吃不完。虽然知道郭董是一片心意，我还是婉言谢绝了。郭董说：我发一篇文章给你，你看了文章以后，再决定要或不要。

一会儿，我在微信上收到了他发来的文章，题目是《购蟹记》及几张在阳澄湖抓蟹现场的照片。

看完文章，我很感动，原来是郭董安排公司的几名职工，专门赴江苏阳澄湖去买蟹，参加的职工写了购蟹的过程。重要的是，我看到了在这个买蟹的过程中，"人人"团队做事的那种认真、执着、不怕辛苦、求真的态度。

那一天人人集团的 3 人，开车到阳澄湖，带着棉被（秋天的晚上阳澄湖很冷），带着方便面，随同当地的渔民一同坐船到阳澄湖中间，盯着蟹农，在阳澄湖的湖中下网，目睹蟹农在阳澄湖一网一网地将蟹抓起来。我从未想到的是，居然有这么执着的人，要亲眼看到蟹就是阳澄湖里面活生生地被抓起来的野生大闸蟹。

我当时十分感慨，是的，这是因为郭董从一开始就打算要送给好友正宗的阳澄湖大闸蟹。在他心中，既然要送给朋友，那他就必须确保送的是真的阳澄湖大闸蟹，所以他就不考虑在街上或者市场上随意购买，哪怕别人告诉他，这是正宗的阳澄湖大闸蟹。虽然从阳澄湖的蟹农手上临时购买的阳澄湖大闸蟹，对于郭董来讲送给朋友也可以称为问心无愧，也确实不同于在杭州街上买的大闸蟹，也不是在杭州阳澄湖专卖店买的大闸蟹，因为只要在江苏阳澄湖边上，无论哪家店铺购买的大闸蟹，都可以称作正宗的阳澄湖大闸蟹。但是这年头，人们都知道正宗的阳澄湖大闸蟹越来越少，绝大部分都是用阳澄湖里面的水灌入原先划分好的一些区域和稻田，将这些稻田经过改造来进行养殖，而水虽然是从阳澄湖里倒灌的，但是这些蟹吃的食物，却不是阳澄湖里面真正的原生态食物，人们称之为养殖蟹或者"洗澡蟹"。

"人人"的职工在茫茫阳澄湖中待上几小时，再与蟹农一起把蟹网拉起来，虽然每次看到的只有大小不等的几十只蟹爬在网上，但他们内心是踏实的，因为这是真的阳澄湖大闸蟹。拿这种真正的阳澄湖大闸蟹送给好友，自己放心，别人也放心。这份情谊，是真的。

我想起弘一法师的一句话——"内不欺己，外不欺人"，讲的就是一个"真"字，求的也是一个"真"字。

"求真"是郭董一贯做人做事的风格。他周围的朋友都十分了解，他平时就是一个真实的性格。他与朋友一直以真情往来，都是相交几十年而产生了信任，正所谓"友谊地久天长"。

相信了解郭董的人，一定会被他的真情所感染。与他打交道，最明显的感受是这个人很真，所以他创办的人人集团，做事情的风格也是要求必须认认真真，产品质量必须"真实"。因此，人人集团在业内有良好的口碑，广受同行的欢迎。

吉利集团是我服务的客户。有一次，郭董的产品想进入世界500强的吉利集团，成为吉利的供应商。我二话没说，直接找了吉利集团公司分管业务的领导，介绍时讲了三句话：第一，和这个人合作很靠谱，做事很认真。第二，人人集团的产品质量业内口碑很好。第三，只要同等价格，希望给予机会。

我简要地将人人集团介绍给吉利，因为人人集团有竞争优势，建议吉利合作试试看。吉利集团的高管就与郭董联系,后来听说他们合作成功,也签了合同。我觉得吉利集团也一定是被郭董认真做事、真诚待人的态度及优良的产品所打动的。

我将这些与人人集团的真实故事和我内心真实的感受写出来,是对"人人"事业 40 周年的庆贺,也是彼此共同的勉励。百年"人人"可期待。

楼 韬(资深律师)

2023 年 7 月 23 日

有志者，事竟成

逝水流年，往事如风。在庆祝"人人"事业40周年之际，我感慨一个福利企业乘国家改革开放之东风，凭着为民政福利事业争先创优的决心，凭着企业当家人的勇气和智慧，成功地引进日本先进生产技术，从而使企业上了一个新台阶。至今想起，正应了古训："人有善念，天必佑之。"

20世纪80年代末，我在浙江省民政厅工作，分管福利生产。1989年的一天，我收到厅福利生产处关于"杭州汽车电器厂要求从日本引进五十铃汽车组合开关技术"的立项申请报告。看后，我的职业敏感告诉我，这是一个十分重要的信息，是一个大胆计划，是企业上档次的好项目。因为引进资金规模大，技术先进，所以与杭州市民政局一起约杭州汽车电器厂厂长郭长财对项目的可行性做了详细研究。杭州汽车电器厂是杭州市拱墅区的一家福利企业，其立项的背景是：日本五十铃汽车公司与江西汽车厂合资成立了江铃汽车公司，在国内生产五十铃轻卡，在当时也是汽车行业的一个重大项目。而杭州汽车电器厂已经是江西汽车厂的汽车开关的配套工厂。若是能争取到这个项目，虽然技术难度很大，但可使企业在技术上有大提升，而且会赢得更大的发展空间！郭厂长分析了立项过程中可能会遇到的种种困难，决定另辟蹊径，通过民政福利生产这个渠道，力争在项目申报上先人一步。所以我决定尽一切努力支持这个项目。先通过民政在省里立项，之后郭厂长又征得"中国汽车工业总公司"的支持，在民政部福利司领导亲自参与指导下，最后报到国务院生产办列入国家引进专项，批准拨200万美元去日本引进这个生产技术。在这个项目引进的整个过程中，时任民政部崔乃夫部长、阎明复副部长给予了有力的支持，两位部领导先后到杭州汽车电器厂视察指导，称赞郭长财厂长有志气、有决心、有意志力，为企业的长远发展打下了坚实的基础。民政部当年举办的科技大会，还邀请郭厂长作了典型发言，对全国福利企业科技进步起到了积极的推动作用。

在20世纪90年代初，许多福利企业也跃跃欲试地走上升级转型的路子。但是由于对市场的分析把握不精准，一些厂长没能守住本业，赶时髦，结果是大浪淘沙，成功的不多，一个个消失了，而杭州汽车电器厂在厂长郭长财的坚持下，在生产管理和科技进步上都取得了很好的成绩，并被评为国家高新技术企业，而且在残疾人免税政策"一刀切"的11年中，坚持办好福利企业（仅杭州市就在这11年中减少了80%左右的福利企业）这面红旗不倒，靠的是爱心和实力，是为党和政府挑担子，做善事。

在新的历史进程中，祝人人集团百尺竿头更进一步！祈祷人人事业永无止境，百年成功！

马光武（浙江省石化厅原厅长）

2023年7月26日

不惑　明道

　　"人人"事业 40 周年了，子曰："四十而不惑。"我的人生成熟的后半辈子都在"人人"，真是魂牵"人人"。

　　唐代诗人张继的《枫桥夜泊》最后两句是："姑苏城外寒山寺，夜半钟声到客船。"追溯"人人"历史，有似曾相识的意境。40 年前，我们区古桥边的工厂因拆迁而搬到杭州近郊打铁关外的一生产队晒谷场，办起了杭州汽车电器厂。我们犹如在冬天，站在寒山寺外的船上，后半夜无眠，裹了裹薄薄的棉衣，在寺庙的钟声里、船夫的吆喝中，拎了简陋的行李，跨上了河埠的台阶，一步步地上了岸，五更寒，朦胧中一切都是那么茫然。黎明到来时却又是那么幸运，在冬季里开启了"人人"艰难而丰富的篇章。

　　现在看，有天意。

　　先是有"贵人"指点：从打铁关到半山，整条东新路是杭州重工业大厂集中的地方，各厂都有家属宿舍（小区），却没有一家安置残疾人的福利工厂。于是，杭州汽车电器厂招收了"四残"人员，一个才刚刚成立的小厂，办成了福利企业，走上了行善举的大道。

有一个很奇特的现象：40年了，当时招收的残疾工友有的成了技术专家、业务骨干，也有的通过几十年的工作成了有一定技能的熟练工，这些人竟然没有一个跳槽的，对公司"从一而终"。同样，公司从社会上招聘的人员（当时还有分配来的大学生），现在大部分一直在公司工作，有些成了公司的技术、质量、生产等部门主管，这些人几乎没有跳槽的。几个曾经离开公司的人员，几年后陆续又回到了公司，后来都成了公司的部门干部。

在1986年前后，公司曾经有人事上的风波，有两批人先后结伙跳槽，去外面办了生产相同产品的厂子，这些人不但挖我们厂子市场、产品的墙脚，还兴风作浪直接想搞垮我们的厂子，由他们独占市场。当时，势单力薄的我们很无助，也很委屈，但都顽强地挺过来了，这是天佑。

这支稳定的工友队伍，是公司40年没有大起大落、久久为功的重要支撑。其成长之艰辛，个中细节，可歌可泣。

28年前，公司在人人大道旁要移栽大的广玉兰树，每天下班后，我们是一锤子、一凿子、一榔头打下去，水泥地上才出现一个白印，搞得皮破手伤的，硬是把混凝土路挖出了一个个大洞，但挖通的兴奋才维持了几分钟，就发现下面还有一层混凝土，我们几乎崩溃，十分绝望。沉默了几天，没有什么动员，心中只有简单的道理：不能半途而废。于是，我们又一凿一凿地把下面那层水泥路挖通，终于种上了大树。现在看来是那么不可思议。

曾经，参加全国订货会后，从安阳到北京的火车票是临时买的。车上没有暖气，冬季的夜车一开动，人冷得浑身打战，牙齿止不住上下打架，

车厢里，有的人压人来取暖，有的人不停地跳动、大叫来驱寒。因为是慢车，所以逢站都停，停站时车厢仍是很冷，但不至于寒流刺骨，这时人才缓口气，停止打战，我想：如果这么一直不停地开车，会冻死人的。天亮时到了北京车站，北方的清晨，寒冬腊月，滴水成冰，我们走出车厢，在空旷的站台上出了站，在车站广场上我们反而感觉温暖。都说这辈子没有遇到过这么寒冷的冬季，但我们挺过来了……

岁月的蹉跎总是向阳，却有深刻的背景，这就是福报。

多年来我们不断遇到贵人，从一些帮小忙的朋友到介绍政策的干部，从素不相识的退休技工到那些天南海北的汽车厂的技术工程师、配套业务员，以及政府各职能部门的干部、领导、国外合作伙伴、老师、同学、朋友、供应商、僧侣。在我们经历风雨屋漏时，在我们春华秋实时，都给了我们最真切的理解、关爱、帮助。他们都是我们的贵人，直至今天，永远！

更有公司内部众多一起创业、创新的同事和在长兴泗安成立的浙江"人人"的新的兄弟姐妹们以及理解、支持工友工作的家属们，甚至那些为一时的私利而翻脸与公司作梗，侵犯我们基本权益的人，都是我们的贵人。

"谁言寸草心，报得三春晖。"不惑之年，知恩感恩。海港上，汽笛高鸣，明道，大航船启程，铸就百年"人人"。

郭长财

2023 年 7 月 2 日

走进"人人"

五一小长假后上班的第一天，我们行长在早会上讲："有家在杭州设点的银行，在4月30日那天派了2名工作人员追到江苏的一个古镇，为杭州人人集团公司办理银行开户，为在那里旅游的该公司法人当面刷脸办开户手续。我们要对这位同行为保持政策连续性而赶在五一前办好新的手续，留住一个大客户的敬业做法点赞。"会后我讲："这个公司老板财大气粗，要银行的人去他旅游地办开户手续。"我的同事告诉我："不是的，这是个喝茶、吃饭都请不来的穿布鞋的人。"

当天下班前，行长告诉我："已应邀明天去人人集团公司给他们的几位高管和财务人员讲课，主要介绍金融形势、相关政策及现有金融产品。"行长又告诉我："这个公司是家无贷款，资金实力雄厚的公司，是我行的重要客户。"在现在的金融新形势下，为用好公司流动资金，他们主动找了几家银行和证券公司，请专业人士去讲课，帮助释疑。他们很谦虚，说自己在资金运作方面是个白丁，急需接受教育。而我们应邀前去，也是个宣传本行产品的好机会。行长要我准备一些资料、数据。行长说："企业钱多不稀奇，而一个制造业却在学习金融知识，这家公司厉害吧！"

出于路线的考量，我与行长约好，第二天早上直接去杭州人人集团，九点半在集团大门碰头。她告诉我，到东新路有个人人天桥，这天桥旁的大楼就是人人集团办公点。行长特别加了一句，这个天桥不是人人集团出钱冠名的，而是企业出资300万元自己造的天桥。

原来，我印象中浙江的民营企业老板大多是精明人，他们少有贷款，用他们的话说"不给银行打工"；但他们却都有钱，自然他们也是我们银行要合作的优质客户。今天知道这家公司自己出资造马路天桥，真的改变了我的一些看法。

第二天上午九点半不到，我开车到了人人集团，传达室不见穿着整齐的保安人员，只见一个穿着一身蓝工作服50岁左右的女同志。她客气地询问我后，让我开车进去，并告诉我停车位置。停好车，我又走出了大门去等行长。出于好奇，四处打量，一眼便看到了那座横跨东新路的人人天桥。这是钢结构的桥梁，上上下下的自动扶梯，红色的"人人天桥"标牌给我这个对民营企业了解很浅的金融新人留下许多遐想。大门两边是两块很大的铜牌，一块是浙江省政府颁发的"三星级企业"，一块是科学技术部颁发的"全国CAD应用工程示范企业"，看着这两块已经陈旧了的20世纪的铜牌，我有点被震撼了，20多年前，这个企业就这么强，有省、部一级的荣誉，有历史感！

进入大门，左边墙上是一排镜框，里面挂了不少的先进个人照片，一看又是惊奇。一个企业有6个国家行业及省、市的五一劳动奖章及劳动模范，这是个正派的公司。

公司大门口通道边墙上安装的 AED 设备，方便公司内外紧急情况使用

上面还有一幅大照片，映入眼帘的就是公司的当家人在 2002 年与几个职工子女拍的一张照片，上面写着："我们辛勤地耕耘是为了我们的希望。"多么亲切而朴实的照片啊！

大门右面墙上的两块不锈钢大牌子上记的是历年获得的政府荣誉和市场、汽车厂的奖励，含金量高。墙上还挂有一只敞开的小箱子，上面写着"除颤仪　救命重器"，我知道，这是为员工准备的紧急抢救设备。

未进公司，无人介绍，通过这不经意的细节，我就对这个人人集团公司产生了敬意……

小叶子

2023 年 7 月 2 日

"百年人人"的底气

最早听到"人人集团",是源自一个曾共过事的银行客户经理同事,因其本人时不时说起上门拜访做业务的故事。而当时我所能知晓的仅限于:这是一家公司,很有钱,给我这位同事完成了很多业绩,是别人口中的大客户。

世事总是出人意料,同事仅仅 1 年就离职了;而人人集团就这样,走进了我的工作与生活,完美诠释了什么叫作无巧不成书。印象特别深刻的是,行长对我说:"这个单位就'暂时'交给你联系和负责,如果维护不好,我会换人。"

我无比确定听清了那加重语气的"暂时"两个字。

随行长上门拜访的时候,见到了人人集团的董事长郭长财先生,而在此期间我除了附和着笑以外,未敢多语,纯粹怕言多必失,虽然郭先生看起来非常随和与平易近人,但我认为那是身处高位者自带气场。

刚开始接触的日子,用"谨小慎微"和"如履薄冰"这两个词来形容应该是非常恰当的。直到有一次独自上门拜访，郭先生邀请我去会议室坐一会，聊几句，才把我从虚幻的电视剧情节拉回到了现实中的面对面谈话场景。随即静下心来，认真地打量起这位企业的掌舵人。他穿着朴素但却得体，全身上下看不到一个显眼的名牌商标，没有金项链，没有玉扳指，也没有故作不经意露出的奢侈品手表、皮鞋，有的只是一种让人心生敬畏而又不拒人于千里之外的气质。

无论谈论的是最新的金融政策，抑或是当下的时政要闻，又或者是国际局势的风云变幻，乃至科技、创新，等等，你会发现他都有了解，且有着个人独到的见解，而同时也会包容地接受你所表达的不同看法。这时我突然意识到，褪去奢华的外表装饰，没有矫揉造作的自命清高，剩下的是带有浓厚务实、满怀正能量的企业家。从他的身上，我看到了作为一位民营企业家所需要承担的重任和义务。这，无关乎金钱，无关乎权力，关乎的，是内心的责任，是几十年如一日的自律和修养。

随着逐渐的了解与接触，越来越多的事件开始不断刷新我的认知。这里，随意地说几段经历。

有一次，中午约好去人人集团公司设点营销，给公司员工提供诸如信用卡、理财等的金融服务，就在这短短的一两个小时里，前来咨询和办理的员工中，我发现了很多残障人士。更令人惊讶的是，他们的脸上挂满笑容，是那种发自内心而又容易感染他人的笑容，没有自卑，没有远远躲开。在现阶段某些企业将捐款作为慈善行为的主要表象时，人人集团这几个字突然变得高大起来，原因无须询问和探究，便都会了然于胸。

疫情来临时汹涌异常，众生平等，人人集团自然也不能置身事外。有一回因为门口景川公寓的缘故，全厂被隔离封闭管理，其中涉及的困难与艰辛想必也是难以言表，这里也就一笔带过，不做赘述。真正要说的是解封的那一天，电视台来采访，面对镜头，郭先生大手一挥，说道："放掉（放假），全部放掉，明天全部都不上班！"没有利用这个机会给自己公司打广告，没有因为工厂停工多日而让员工加班加点，简简单单的一句话，赢得了所有员工的信任。

在投资界有一句名言叫作"投资不过山海关"。东三省作为曾经的龙头老大，随着时间的推移和经济格局的演变，已经成为很多投资人谈之色变的一块"飞地"。长春有一家汽车配套产品公司，给一汽大众做几个小产品的供应配套，年销售额2000万元左右，他们通过沈阳宝马的人员间接透露出售卖的意愿，邀请了郭先生去考察，这期间很多人过来劝阻，但是郭先生考虑后决定去！大家都表示不理解，他的原话如下："哪怕能了解到同行经营不善的原因，也是值得的，更何况同行总有各自的长处，是个难得的学习机会……"机遇这个东西，往往都是虚无缥缈的，是可遇不可求的，而善于发现机遇的人更是难能可贵，正所谓"千里马常有，而伯乐不常有"。摒弃一贯的成见，保持严谨探知的信念，大胆务实地去求证，我觉得四个字可以概括——"知易行难"。姑且不论结果如何，设身处地能够交换身份做出同样选择的屈指可数，毕竟一位老人穿越几千公里前往陌生之地考察，需要的不仅仅是魄力和胆识。

这样的事例不胜枚举，不能一一表来。

自古由俭入奢易，由奢入俭难。人人集团成立40年，郭董40年来坚守本心，没有穷奢极欲的挥金如土，没有不切实际的夸夸其谈，有的是中午一碗猪油饭加几块霉豆腐就甘之如饴的知足常乐，有的是几乎从不间断、风雨无阻每周驱车几小时去泗安工厂工作，路上的感悟之真切，经常从微信群可看到。

十年树木，百年树人，百年"人人"不是一句空谈，因为它的根坚如磐石，他的底气不言而喻。最后，请允许我用郭先生的一段话来做结尾："疫情对于我们的行业来说，确实很难，但并不全是坏事，大浪淘沙，剩下的才是真正做实业，也有能力做实业的！"

谨以此语，与诸君共勉！

杭州银行 章喆

2023 年 7 月 2 日

"人人"琐记

佛说，前世五百次的回眸，才会换来今生的擦肩而过。又说，万法皆生，皆系缘分。大概是我与"人人"缘分匪浅，才有了这连绵不绝的羁绊和回忆。

未曾经历"人人"筚路蓝缕、栉风沐雨的艰难初创期；也不曾见证它蒸蒸日上、与时俱进的成长期；甚至错过了它势如破竹、扶摇直上的扩张期，终究是有点意难平。但俗话说，好饭不怕晚，我与"人人"相遇在稳扎稳打、守正创新的成熟期，又迎来了第三次创业敢闯敢拼、激流勇进的热潮，好似用上帝视角又重历了"人人"创业伊始的艰辛与成长。与"人人"携手并进的这不长不短的五年多时间里，我们同呼吸、共命运，有成长也有失误，有收获也有挑战，有激情澎湃的瞬间也有黯淡落寞的时刻。往事如烟，却总有几件事如电影一般一帧帧地在脑海中播放……

2017年8月28日长兴泗安新建浙江人人集团公司举行签约仪式

初识——于无声处听惊雷

2017年10月4日，对于大多数人来说只是一个普通的中秋节，于我而言却经历了第一场震撼的入职教育。彼时杭州人人集团建厂已近34载，浙江人人集团则刚刚成立，而我有幸成为"人人"第三次创业路上在泗安入编的第一人。

弓调马服，磨砺以须。不承想入职第一天就给了自认为已做好万全准备的我一个当头棒喝。

其时，浙江人人集团草创未就，主要的工作围绕着基建展开。厂区面积大，攻坚任务重，然则还未正式开始招聘员工，在册人员严重不足，故基建工作一直由杭州总部各部门抽调人手过来突击支援。

还记得那天杭州总部又安排了人手到泗安参与基建，而分配给我的工作任务听着很简单，就是和杭州总部过来的几个女同志一起打扫办公楼的卫生间。我心想，不过扫扫地，拖拖地，小学生都会干的活又有什么难的。没想到一入卫生间就犯了难了，积攒了五六年的陈污烂垢竟让人无处下脚。踌躇间，只见几个年纪稍长的女同事已经在分配工具，还有个头发有些花白的女同志都开始麻利地干活了，一边干还一边指导怎么清洗比较干净。她们看到我进去后马上热情地跟我说："你是泗安新招的领导吧，你帮我们扶扶梯子好了，我们上去清洗犄角旮旯的污物。"我抬眼看去，她们每个人的年纪都比我大，我怎么能好意思让她们上去劳作，而我在下面偷闲？不等我结束思想斗争，白发大姐已经上了梯子，开始干起活来，仔仔细细不放过任何一个死角，身手敏捷，我都自叹弗如。大家分工明确，秩序井然，第一遍冲洗，第二遍用刷子刷，刷完后冲洗，再用毛巾擦，一遍又一遍，直至焕然一新。不到半天时间就感觉有些腰酸背痛了。我心里在嘀咕：差不多得了，也不是评比，哪里要这么认真。但是几个大姐却是干劲十足，完全没有停下来的意思，颇有点劳动竞赛的味道。当时我心想，这几个大姐大概是总部负责卫生清洁工作的，既敬业又专业，和清洁公司的保洁相比也是毫不逊色的，而且个个精力都这么好，不会累似的，我可不能掉链子。吃午饭的时候聊天才知道，这几个大姐都是杭州总部科室里的干部，年纪最长的是计调科已经退休的干部，目前仍在公司发光发热担任顾问。我不禁感慨，打扫卫生这点事都这么认真，以小见大，这绝不是一朝一夕可以养成的工作态度。这又是一个怎样的企业？竟能让员工这么不惜力、不惜时、不计较地忘情投入工作。在那之后连续两个多月的基建过程中，这样的工作激情和态度延续到了基建工作全部完成，一点折扣未打。

入职第一课教会我：在人人集团做任何事情都要严谨、认真、踏实。

蜕变——路漫漫其修远兮，吾将上下而求索

记得刚入司不久，董事长有次问我有没有发现泗安这里新招的员工和总部来的员工做事有些不一样？当时我满脑子的问号，不知如何回答。董事长提到，比如清理地面的泥土时到了下班时间，哪怕只剩下最后一块土，泗安的员工也会把它留在外面，毫不犹豫地扔下手中的铁锹下班；而如果是杭州的员工一定会铲走最后一块土，打扫干净场地，收拾好工具，才会放心离开。这并不是说泗安的员工不好，而是他们没有习惯把自己当作企业的主人。试想如果是自己的家，他们会这样吗？总部的工友长期在"人人苑"生活、工作，耳濡目染，早已把自己当作企业的一分子，他们有使命感和认同感，所以这是他们长久养成的习惯，并不是靠某个领导去约束的。我当时心想，都会这么自觉？不一定吧！经此一谈，内心还是起了波澜，从那天起我便开始暗暗观察。基建初期每天都是基建和清理工作，用到的工具又杂又多。每到下班时间，我借着考勤的便利四处察看，发现每次劳动完，哪怕是再急再晚，不管领导在与不在，总部的工友都会把各自的工具、垃圾收拾好，哪怕是剩余的一缕铁丝、一块抹布，都被好好地收到临时杂物间。一段时间观察下来，我发现新员工一天跑几趟卫生间躲懒的现象少了，下班就溜号的本地员工也养成了把手头上的收尾工作做好、工具收好再离开的习惯。这期间我没有单独找过他们任何一个人谈话，也没有老员工因为他们到点下班未做好收尾工作而责怪过他们。

"随风潜入夜，润物细无声。"我想，正是这些老员工的传、帮、带的榜样作用潜移默化地影响了新员工，让他们也自发地养成了好习惯。

这件小事让我内心颇受震动，也让我更相信言传身教的力量。

入职第二课教会我：身体力行的行动比苍白枯燥的说教更有成效。没有教不好的员工，只有文化浅薄的企业。企业要想万年长青，不仅要依靠外在的经营管理，还需要能渗透到灵魂深处的企业文化。

转折——千人同心，则有千人之力

发生在岁末年初的新冠疫情汹汹袭来，彻底地改变了2020年的春天。这次突发的公共卫生事件也给"人人"带来了严重的危机与考验，节后陆续返程上班的外地干部和工友都被直接拦截在了高速口、火车站和高铁站。

为了维护社会稳定，防止疫情外溢传播，泗安镇疫情防控指挥部要求企业把外来员工接到宿舍的隔离房间。疫情防控办联络的电话从早到晚不停歇，杭州总部领导也因为疫情不能过来，只能电话遥控指挥。那时候的自己心急如焚，说是像热锅上的蚂蚁也不为过。

我没有思考的时间，沟通、申请、反复咨询各部门，同时准备隔离场所、隔离物资，像一个被抽起来的陀螺似的，马不停蹄做好各项准备工作。时间仿佛被按下了快进键，怎么也不够用。能够理解疫情防控的需要，但是企业开工在即，这些被隔离的人员全部是公司的高管、中层、技术骨干、还有重要的后勤保障人员，生产迫在眉睫，人却出不来，难道刚开工就要停产吗？我公司可是疫情急需的江铃负压救护车的配套厂家，救护车产线还在等着我们的零件。救人如救火，我们也应当践行社会责任与担当，提前复工复产，刻不容缓。好在经过公司领导的奔走斡旋，在各级部门的关心支持下，我司顺利通过批准，成为首批复工复产的白名单企业。然而更难的考验还在后面，如何能保证生产过程中不交叉感染,如何保证大多数关键岗位人员不到岗的情况下保质保量保交期,如何保障这一大家子人的后勤工作……一个个问题接踵而至,亟待解决。往常碰到问题,各级干部一起商量,再棘手的问题也能迎刃而解。可这次,高管中层都已被隔离,就剩下我这个"光杆司令"了,纵有三头六臂、不吃不睡也应付不了眼前这些纷繁芜杂的工作。我从镇里开好会回来,肩上仿佛压着万千重担,愁绪萦怀,原以为空荡无人的办公室却灯火通明,一进门才发现泗安的年轻骨干、党员和入党积极分子,他们竟都出乎意料地没离开,都在等待我给他们安排任务。我的心这一刻忽然安定了下来,迅速建群并分配任务,就地组建了一个"'人人'疫情防控临时小组",有负责消杀的,负责给隔离人员送物资的,负责采购防疫物资的,负责接待各级部门临时检查的,负责在隔离区轮流测温的,还有灵活机动人员随时要去车站接人到宿舍隔离的……可谓麻雀虽小,五脏俱全。每个人除了复工后做好自己的本职工作外,还要做好疫情防控临时工作组分配的各项任务。各产线的年轻干部、党员顶着压力保生产,和隔离区的负责人通过微信语音、微信视频线上解决难题,着手处理之前自己不那么熟悉的业务。在这群年轻人的守望相助下,各项工作有条不紊地推进着,最后保质保量地完成了生产任务,没有发生一起因疫情突发而失控事件。由于我们的隔离区管理规范、工作仔细负责,受到了上级领导的认可。

在这场异常艰苦的抗疫工作中,我们公司培养了两年多的年轻干部共克时艰,经受住了考验,彰显了团队向心力,传承了敢担当、敢作为、无私奉献的优良传统,也体现了"人人"独特的干部机制带来的成效。公司干部培养理念:能干者有位,充分信任,充分放权。我们的干部是能上能下的,遇到困难往往能逢山开路,遇水架桥。重能力、重实绩的导向和透明的晋升渠道营造了"人人"干事创业的积极氛围。

2017年12月2日 浙江人人集团基建——新招工人集体打扫装配车间合影

那支叫得应、拉得出、打得响的临时防疫工作组成员,现在已然成为公司的中流砥柱。那几个连续不能回家、在办公室辗转到天明的日子,大概会永远刻在我们的共同记忆里。

入职第三课教会我:责任、担当、信任以及团队的力量是充满无限可能的。

体悟——根深才能叶茂,本固才能枝荣

"人人"的文化植根于"德"——所谓道德,所谓品德。

小德治家,中德治人,大德治国。人无德不立,国无德不兴,企业无德亦无法长盛不衰。在"人人"稳健发展的40年里,董事长一直倡导管理者要知行合一,率先垂范自己所倡导的道德规范;积极投身公益事业,为当地慈善资金池蓄力;招聘近百名残疾员工,帮助他们实现社会价值,解决了近百个家庭的后顾之忧。他在任用人才方面也有自己的坚持。

他认为个人的能力不能凌驾于道德规范之上，先做人再做事，要求公司的管理者必须身先士卒，行胜于言，才能做好"领头雁"。

有德者必有言，有言者必有德。公司注重人才的培养与提拔，创建了公平、公正的平台和机制，但是更看重人才的"品"与"德"。培养干部，道德品质要高，要对企业忠诚，其次才是个人能力，这样的人才才能放心用，大胆用。老话说得好：人跌倒了可以扶起来，心若倒了，那就难扶了。

陶镕鼓铸，相帅成风。"人人"孕育出一批批讲良心、重情义、有道德、有担当的干部和职工。

"人人"的发展来源于"稳"——可谓不投机、不冒进，坚守本心。

做实业，不能来虚的，产品是根本，质量是竞争力。就像一场超级马拉松，笑到最后的才是赢家。"人人"在40年的发展进程中追求的不仅仅是利润和短期的经济效益，更看重企业的长远发展和社会效益，我们要做的是百年企业，积累的是长期抵御风险的经验。我们有跑马圈地的资本和能力，也有赚快钱的渠道，但是这样的发展经不起时间的考验，就如我们看到的传承百年的德国专业企业，没有短平快，只有稳健和执着。我们领头人制定的企业发展决策基于制造业的特点，追求专精特新，这需要企业的定力，更需要决策者坚守本心，不盲目扩张，不赚快钱，踏踏实实搞好本业，这是对职工对客户的负责，更是对社会的承诺。

"人人"是一个让职工充满踏实感和满足感的企业，让客户有安全感和信任感的企业。40年发展中的艰难险阻，不足为外人道也。所谓的岁月静好，不过是公司的决策者在替我们负重前行罢了。

"人人"的精神折射于"爱"——可谓双向奔赴，有来有往。

以人为本、人性化管理，是"人人"企业文化的内核。公司非常重视软性的文化塑造工作和对职工职业生涯发展的规划。企业针对不同员工的特点和优势，制定了不同的发展路线，有管理决策能力且专业突出的职工可以走公司的干部发展路线，专精在技术层面；某一领域能力特别突出，但管理能力欠佳的职工可以走公司设置的专家路线。这基于企业对职工的充分信任和尊重，也有效调动了员工的主动性和积极性。

"我们辛勤地耕耘是为了我们的希望"，一进总部大门就能看到这句醒目的标语和职工子女与董事长的巨幅合影，孩子们明媚的笑容让每个人都能感受到温暖的力量。"人人"把职工当作企业的财富，职工家属和子女更是企业的一分子。正常的节日福利自不必说，除此之外，公司在每年的儿童节、家属（长）会都会组织活动，每年司庆、厂庆还会组织运动会、划船比赛、游戏竞赛、晚会等各种团建活动。这样的活动增进了职工之间的交流，也让职工家属、子女更加了解企业，一起见证企业的成长，让他们有参与感和归属感。"人人"是一个喜欢过"节"的企业，每一个节日一定是丰富多彩有内涵有传承的。过的是那份热闹、那份团聚和那份亲人般的寒暄与温暖，也是我们内心的期盼！

2018年1月27日浙江人人集团基建——雪天不停工

每天清晨，所有职工井然有序地打扫自己负责的区域，小道上干净整洁，路过的同事、家属相互微笑示意问好，这是一家充满烟火气和人情味的企业，是一个工厂，更是职工的另一个家。

"人人"文化精神里的爱从来不是单方的付出，永远都是双向奔赴和义无反顾。或许是在暴雪天气下赶基建进度时，工友们井然有序地穿梭在各车间运输基建材料的场景中；或许是在深夜暴雨后下水道倒灌车间时，工友们一呼百应的现场支援里；也或许是在企业快速投产被长兴县领导称赞为"泗安速度"时，每个工友与有荣焉的脸上；那是主人翁的姿态，是"人人为我，我为人人"的担当。

一点一滴，历历在目。在"爱"的包围下，"人人"的职工与公司一直在共同成长、发展，双向奔赴更好的未来。

尾声

记忆很碎，细节很多，故事很长。历经风雨 40 年的"人人"，以崭新的姿态即将开始新的征程。"人人"的每一位建设参与者也将怀揣着梦想，奔赴"人人"下一站山海，去追逐属于每个人的星辰大海。

"百年人人"，道阻且长，行则将至，行而不辍，未来可期。

愿"人人苑"的我们都能磨而不磷，涅而不缁！

愿"人人苑"的我们都能相待而成，相倚为强！

愿我们都能追光而遇，沐光而行！

曹萍萍

2023 年 7 月 2 日

十年感恩，我的进步之路

时光荏苒，人人集团的40年经历了太多的不平凡。我已在公司工作了10年，"人人"有很多创业前期的艰难故事，也有很多在取得成绩时大家分享胜利果实的喜悦，以及太多的酸甜苦辣。没有能够参与到"人人"前期发展的30年，有很多的遗憾。但是在公司工作的这十年，是我人生最宝贵的10年，也是我职业生涯中最重要的10年。在这里，我不仅获得了职业上的成长，更收获了人生的感悟。

在"人人"事业40周年这样的喜庆日子，我分享一些在公司的经历，见证我的成长，见微知著，臻于至善。

第一份工作岗位——业务员

来到"人人"的第一个工作岗位是业务员。记得刚毕业的时候怀揣着一份梦想以及一定要打拼一番事业的雄心壮志，孤身来到了杭州。

到杭州以后投奔了一个在杭州打拼多年的朋友，和朋友一起畅想着自己的职业规划。朋友极力劝说我要想尽快地追赶社会脚步，一定要做销售这个岗位，因为销售岗位所得薪酬可观。

在互联网飞速发展的那几年，挣快钱成为杭州年轻人追求的目标。我本意是想到杭州找个制造业的技术员岗位，在朋友的劝说下我心动了，但是又不想丢掉在学校学的机械专业的技术和知识，所以就围绕着汽车零部件销售职位找起了工作。

第一次了解到"人人"是在杭州的招聘会上，通过面试和试用期的磨合，我很幸运成为"人人"大家庭的一员，在这里要感谢公司给予我的机会。

进入"人人"，我发现这个企业有太多不一样的地方。领导和同事对于新人的培养和关心很实在，在不到1个月的时间就组织了多层面的新人培训。了解公司的历史和岗位职责后，我重新认识和定位，调整自己的职业发展重心。

犹忆当时，领导在新人培训大会上深入浅出地讲了很多，时至今日，我仍能从中受益。会上，他掷地有声地说："制造业是民族的脊梁！我们'人人'就是要始终根植汽车零部件的研发制造！"他从宏观环境讲到当下的社会浮躁现象，特别是点到刚毕业的学生就把金钱放在第一位，却忽略了个人能力提升的时候，我莫名地感到一阵惭愧。他还讲到个人做事要脚踏实地，人人集团这个大家庭不会让老实人吃亏，只要努力干就会得到应有的回报。他指出销售部的业务人员一定不要好高骛远，要着眼于小事情，积累专业技能，专业与能力互长，助力个人职业生涯发展。领导的讲话内容深深触动了我。回想刚到杭州时朋友对我的劝说，我自惭形秽。

当年我特别不理解会上提到的"销售部的业务员是公司的搬运工，也是维修工"这句话，以为公司只是为了节省人力成本罢了，现在回头来看自己真是大错特错。我们供货的汽车厂都是国际知名车企，其先进的管理流程延伸至整个供应链。作为一名刚毕业的销售人员，学习的这些知识仅仅流于理论层面。只有在实践中不断总结和反思，才能快速学以致用。以发货流程为例，从订单下达到汽车厂入库，上线，就是先进的订单管理流程，涉及 JIT 管理、追溯管理、FIFO 管理等。就是最简单的码货，都能学习先进的管理逻辑。通过 1 年的发货操作，我才基本掌握了主机厂的物料管理流程和要求。此时，我茅塞顿开，这才是公司要求我们参与搬运货物的真正意义。

我们还通过学习产品基本知识，参加返工返修，了解产品结构特性，以便于在主机厂解析售前问题，能够在产线上处理突发的问题。我到现

2017 年 10 月 5 日浙江人人集团基建——工友们正在奋力架构旗杆

在记忆犹新：一次出差到南京依维柯汽车有限公司，他们反馈我司组合开关一例功能不良，而我利用所学的知识，结合了"维修工"经验，马上在总装车间现场处理问题，避免停线罚单。当时南京依维柯汽车有限公司的几个部门人员都说："这个学生靠谱。刚毕业作为业务人员能够处理这样的问题，不简单。"这次临场处理让我在主机厂有了良好的口碑，我不是职场小白，而是有专业知识和技能的对手，后续与各个部门商务谈判有了底气和主动权。如果没有公司领导的要求，我即使做几十年的销售也得不到这些在书本上学不到的宝贵经验。

通过这些一时不被理解的工作要求，我意识到要做好销售工作，需要有一套完整的方法论，所以需要不断学习进取。

公司领导还要求我们要特别注重与主机厂各部门的沟通，珍视与每个人的每一次交流机会。在交流中，我也不断摸索学习，不仅可以提高自己的沟通能力，还可以了解行业信息、专业管理知识。实践中，我在人际交往能力、解决问题能力方面有了很大的进步，能和自己分管主机厂的各个部门都建立良好的合作关系，从而获得一些新品开发的机会。

总之，我的进步和成长离不开公司领导的悉心教导，也得益于人人集团这40年的发展和积累。我会继续保持理论和实践相结合的求知态度，为"人人"的百年事业发展贡献自己的力量。

第一次参加劳动——安装灯光

在我刚到公司不久，就听说了这样一句话："我们这么大的一个公司里面没有一个保洁员。"

这句话又在我脑海里画上了一个问号。正式上班后发现所有的部门

2017年10月16日浙江人人基建——工友们粉刷车间

都有自己的一块包干区，公司内从高层到普通员工都会提前到司并积极完成本部门的包干区清洁工作。虽然我也和大家一起打扫清洁，但是作为80后叛逆的内心还是没有完全接受这样的工作安排。直到给我安排一项重要的基建任务，我才明白了原来劳动也是学习的一个重要组成部分。

那时候会议室拆迁，公司预备在旧的装配车间楼顶重新建造一个会议室，把灯光和音响的安装工作安排给了我。由于平时工作不严谨，劳而无功，呈现出来的光线效果不尽如人意。不过，自己当时年少气盛，根本意识不到自己的错误，心想我又不是专业做这个的，能够装上去并且保证灯亮已经很了不起了。领导检查工作的时候发现了问题，但是没有指出我任何不对的地方。在整个工程完工的时候论功行赏，参与基建的同事们都得到了丰厚的奖金，总金额甚至超过了工程外包部分的成本，我不在本次奖励之列。

事后，营销总监还让我坐到主席台"欣赏"了我自己的劳动成果。在坐下去的那一刻才深刻认识到自己是有多么不堪！本该整齐成一条线的灯光歪七扭八的，形如蚯蚓。白昼明灯，我却陷入黑夜。当时一下子明白过来领导平时对我们工作要求的真正用意，而我当时却敷衍了事，不由得想起了那句老话："一屋不扫，何以扫天下？"公司正是通过这样的劳动工作端正我们每个人的工作态度。自己严谨细致一些就能做好的这项工作，但是我却做得一塌糊涂。吃一堑长一智，这次教训让我明白在以后的工作中，要用心，要细心，要踏实，努力方有回报。

如上所述，这样的劳动体验不仅让我明白了道理，也让我掌握了平时工作中掌握不到的技能；而公司也正是通过这样的管理哲学，锻炼我们这群刚进入社会的学生。

第一次离开"人人"——归来篇

我在"人人"第一份合同期满，我终究还是没有抵住外面的诱惑。在掌握了一些技能和技巧后，认为整个世界都是我的，抱着要去闯一下的决心，我很干脆地递了辞呈，告别了公司的良师益友，一腔孤勇地投入到了创业大军中。

杭州是一个互联网经济特别发达的地方，我和家人一起做起了互联网媒体领域的工作。创业之初就发现现实和梦想是有很大差距的。由于原始积累不够，产品线得不到认可，人工成本高，办公场地租用费贵，等等，意想不到的困难接踵而来。苦苦支撑一年多后，发现越来越负担不起整个家庭的开支了。

在最困难的时候，"人人"领导通过公司的同事了解到了我的窘境。分管领导照顾着我的面子，约着我一起在外面吃饭，并与我一起规划了我的后续职业发展方向。领导很客观地分析了我的优劣处，认为我在汽车零部件销售方面一定能做出属于我自己的一份事业，也很有诚意地讲了一句："人人集团这个大家庭随时欢迎你回家！"这句话让当时的我百感交集，甚至没能忍住湿润了眼眶。原来我还未到山穷水尽时，我还有"人人"这个曾经的大家庭可以依靠。

自己很快地权衡了利弊，公司领导在公司也和我重新细谈了工作任务和目标，而且考虑到我的实际情况连收入都给我做了特别考虑。我的重新回家也得到了领导的鼓励。他提到这个大家庭重新吸纳了我，希望我做出应该有的成绩。

经过社会的打磨，回来工作后自认为改掉了之前在公司的所有不良习惯。在自己的岗位上发现更加得心应手，很快做出了一定的工作成绩，得到了各位领导的认可。不到一年的时间我重拾了工作信心，努力工作获得回报，也逐步地改善了自己的生活水平。梳理毕业后的心路历程，重新回家是我职业生涯中又一个正确的转折点。

第一次参与基建——创业篇

在这里又应了公司领导的那句话，只要付出就会得到应有的回报。2017年汽车行业飞速发展，公司总部的场地规模严重制约了公司的发展。总部领导决定在长兴泗安购买现有的厂房进行改造，为"人人"事业更上一层楼做好硬件准备。公司从现有公司内优选人员到泗安工厂做管理人员，我毛遂自荐，得到了领导的支持。他们看到我重回公司的表现后，一致认为在社会上吃过苦的我，应该能担当起一份工作重担，就这样我又投入到了泗安厂区热火朝天的建设中。

在新的工作任务中，我发现之前掌握的工作技能已经不能支撑现在工作的需求。刚来到新场地就面临着大量的基建工作，我们从2017年7月开始接洽，9月新公司完成注册，总部要求年底要完成主要工作——

杭州厂房搬迁，并开始生产。为了达成目标，我们制订详细的工作实施计划。其间重要的节点：11月前要完成通电、通水、通气，完成地坪、粉刷等各项工作；12月新设备要搬进泗安新厂区，调试完成正式生产。现在回头看那个时候的工作计划，每项阶段节点都是那么激进。在总部带领下，我们怀着满腔热血，每天卡着计划跟进，一发现未完成立即弥补，克服所有困难按时完成了，年底就在新厂区顺利投产。当注塑机打出第一个零件，我们都一起欢呼！浙江人人集团新厂区建设的推进速度得到了当地

2017年10月浙江人人建造公司荣誉墙

政府的一致好评，长兴县杨县长更是惊讶于我们的速度，称之为"泗安速度"。

在整个基建过程中，最让我头疼的工作是周末的排班。这一天，杭州总部有几十个人到泗安义务劳动，而日常要完成的工作项目多达十几项。我要结合所有人员的能力和特长合理安排工作，这样才能调动主观能动性，在高质量的工作效率下完成既定的工作目标。工作安排不仅要结合实际情况，还需要良好的协调能力和领导能力。那个时候的我并不

2017年11月14日浙江人人基建——泰山石就位

具备这些能力，每次的安排都要在晚上反复推敲，早上再做相关工作的布置和动员。即便是这样费心费力安排，每次都会出现一些意外，总会有未完成的工作计划。领导也发现我这方面工作能力的欠缺，就很耐心地帮助我，和我一起进行工作安排，帮着我一起复盘每次工作完不成的原因。领导同时也提醒我，作为领导一定要做到令行禁止，一定要懂得怎么领导团队并激励团队，一定要把目光放远，不仅要制订近期的计划，还要有中长期的计划，干着今天的工作同时要想好后续的工作规划和目标。公司领导每时每刻都会通过不同的小事，深入浅出地给我讲管理哲学，让我知道该如何运用先进的管理办法实现目标。

经过4个多月的努力，泗安各个车间陆续投入运行，浙江人人集团有限公司在2017年底正式投产。5年多的运行，浙江人人公司初具规模，可喜的是，我们完成了转型升级，产品由之前的汽车电器件提升到现在的汽车电子件,今年电子类产品销售将超过电器类产品,实现新的突破。浙江人人在新的征程上迈出了坚实的步伐。

经过在"人人"大家庭的锻炼,我已不再是刚毕业时的愣头小伙了。作为浙江人人集团的一个公司级的领导,现在经常把KPI挂在口中,要经常谈论战略规划和执行力,要讲有效管理,要讲团队协作,要关注新技术新市场,等等。刚毕业的时候从来不敢想的这些大的层面工作,已经成为我现在日常工作的一部分。在"人人"工作的这10年中我得到了太多,也学会了太多。虽然我本身依然存在一些不足,但是我愿意用接下来的时间与"人人"共同奋斗,为"百年人人"事业贡献自己力所能及的力量,也实现我之人生价值。

完颜超伟

2023年7月2日

"四分"十二年

记得还在上学的时候读过的印象很深刻的一段文字：从 A 点到 B 点，如果有一辆限速 20 码的汽车和一辆不限速的自行车，你会怎么选？

当时发散思维，认为答案太多了，不同的距离、不同的路况、不同的天气，甚至和不同的人一起都会有不同的选择，且随时可能转换方式。

毕业实习以后逐渐明白：在人生漫长的旅途中，汽车一定比自行车跑得远，汽油永远比你的汗水多。

所以正式踏入职场之前，我就暗下决心：选择一个好的平台，脚踏实地，做个不多想、不囿于吹嘘自己、不随波逐流的实干派。

冥冥之中，踏上前往杭州的火车，选择了"人人"。

时光飞逝，进"人人"已经 12 年。回顾这 12 年的工作经历，又几乎可以被平均地分为 4 个阶段。是机缘还是造化？恰逢"人人"事业 40 周年，有感而发。

入职的第一个 3 年，我有幸进入销售团队，负责武汉片区和柳州片区的业务，其中神龙是重点客户，前辈们铺好了路，我要做的就是把路继续走稳。印象最深刻的是为了吸塑包装回收在武汉与相关人员发生龃龉的经过。

遭　遇

神龙的点烟器量很大，里面的吸塑包装单价约 1.2 元，只能一次性使用，很是可惜。为了节约成本，我们就跟中转库负责整理回收塑料和纸板的大姐打好招呼，看到我们的吸塑包装就单独码放在一起，放进纸箱保存起来，我们每月出差时通过物流退回。当时算了一笔账，每月能给公司节约 2500 元左右。

这样持续了 1 年多。有一次，大概是 11 月份，温度很低，天空下着毛毛细雨，我们照旧去退吸塑包装。大姐忽然说："后面不能给你们留了，老板不让任何人来拿东西，发现要罚款。"

刚好那天承包中转库回收塑料纸箱的老板也在，大姐指了指说："在打电话那个胖胖的就是我们老板。"我心想当面跟他谈吧，见到面，我做了自我介绍，表达了想要回收吸塑包装的意愿，按照每个 0.1 元留给我，跟他们卖废塑料价格差不多。光头老板不耐烦地直接打断我的话并喊道："你们不要在这里烦，没空给你们搞。"我再跟他商量把价格提高到每个 0.2元时，他直接骂人了，说我们以前偷他们废塑料，让我们赶紧滚否则不客气，嘴上骂骂咧咧的。我当时年轻气盛，哪受得了这委屈，直接对骂过去。看他想抱住我，我赶紧将他推开。谁知他大声吆喝约 50 米远处装车的人过来协助，见势不妙，我们撒腿就跑，跑到仓库里的一个角落里躲起来。躲了半个多小时看不见人了，我们赶紧溜出中转库。

当时怕节外生枝影响我们出差计划，就没有报警。只能自我安慰：强龙压不过地头蛇。

后来给中转库的销售经理打电话说起此事，他也说："都是一帮混混承包的回收废品生意，他们在回收区还装了监控，以后最好不要去回收了。"

我对这次经历记忆深刻，第一次差点被围殴。

再后来，神龙开始推行上门取货，但是一开始门槛很高，我们的货体积小不在第一批计划之中，我们知道塑料周转箱直接发货的好处，就邀请神龙物流人员来公司考察，想办法申请加入第一批上门取货。这样主机厂线边用完产品会把吸塑包装放回箱子，塑料箱返回时里面有吸塑包装，再也不用那么麻烦回收了。

真假透明皂

第二个3年，受到公司培养，我被调到采购二科当副科长，负责供应工作。刚做采购不懂套路，免不了要吃亏。印象最深的是刚到采购科就买到一批假的透明皂。

公司每月给每个工友发放一块透明皂，一块102克。基本上1年采购1次，1次采购2400块。2014年年底，当时有工友反馈当月发的透明皂用起来没有泡沫，拆开包装放几天就变硬掉渣。领导把我叫到他的办公室，问我知不知道是怎么回事。我回答："听说透明皂不太对劲，难道透明皂也能造假？一块皂才0.9元。"

领导语气平和地说："我看了一下，应该是假的，把合同找出来，拿着合同跟对方交涉，假一罚十。"

我赶紧找到合同一看，完了，合同只写了要保证是原厂的雕牌透明皂，没写假货的处理条款，钱也付掉了。心里一下子恐慌起来，怎么办？哪怕打官司按照合同条款也没法追究对方责任，思绪很乱不知道怎么办才好。

我拿着合同红着脸再次到领导办公室说明合同内容。领导直接指示：第一，收集证据，证明是假货；第二，拿着证据跟卖方沟通，看他们态度；第三，对方不解决就先打12345投诉或找媒体反映曝光。然后领导顿了一下，语重心长地说："最坏的结果就是损失2000多元，买个教训，允许犯一次错，但是要牢记以后不能再犯同样的错误，合同订立要规范，验货要仔细，验货后再付款，以后采购的设备及各种产品会很多，买之前一定要了解透彻，不打无准备之仗。去做吧。"

听到指示，我立即打电话咨询到雕牌总部，沟通过后找到了能证明是假货的证据：

一是包装袋图案异常：价格图案不清晰；二是印刷批次和日期异常：黑色油墨较粗且掉色；三是透明皂颜色异常：偏淡；四是最主要的是使用时没有泡沫，硬化速度快。收集好证据后，我第一时间联系卖方老板。证据摆在面前，卖方老板只是轻描淡写地说道："一是由于现在天气冷易硬化；二是存放时间过长了，包装有点变色。产品肯定没有问题的。"

我心里着急，直接大声喊道："那么我就先打12345投诉，然后喊来1818黄金眼，来现场辨别，看看到底是真是假。贵公司也是有注册资质的正规公司，为了几千元钱把名声搞臭，杭州电视台再播放一下，贵公司以后难以生存，把我的问题解决掉，大事化小小事化了。"对方看我这么义正词严，说要不给我换一批新批次的货。我借口上厕所，直接到领导办公室汇报了对方换货的想法。领导微笑着说，"按照三包法，要假一赔十的"。我当场承认了错误，是自己签合同时没有仔细翻阅，继而提出我的想法：总计从这家供应商购买过7200块透明皂，我想办法让他们全部补货赔偿。领导默认了我的想法。

经过反复的协商，这家供应商最终补了7200块正宗的雕牌透明皂，将上一批剩的2000块左右假的透明皂拉走。现在回头想想，哪怕合同没写明假一罚十，我们也可以按照这个要求去争取合法权益。

这虽然是一件小事，但是整个事件给我的教训是刻骨铭心的，一辈子都忘不了。

经过这次教训，以后哪怕采购一盒铁钉都要做足功课，要货比三家，确保采购产品质量，认真翻阅合同。

"人人"速度

公司发展欣欣向荣，2017年9月29日，公司在湖州长兴泗安镇工业区投资成立浙江人人集团，也是我的第三个3年。作为第一批拓荒者，我被总部委派到长兴负责浙江人人集团采购工作。最初采购只有3个人，既要负责配套科40多家供应商，又要负责所有金属原材料和塑料原料的采购，还有模具材料和模具处理，电镀、设备维修、标准件、电子元器件，非生产物资的采购等，当时没有内勤，我还要做内勤的对账开票和做发票工作，非常艰苦。

由于收购的工厂以前是做卫浴的，厂房不适合我公司做电子电器，旧厂房要改造。挖沟、铺电缆、装气管、装水管、登高去污渍、粉刷，每天一早一队人从杭州赶到泗安和泗安新招聘的工友一起劳动，很晚才回杭州，一天也不敢懈怠，不到半年正式投产，大家真是废寝忘食地拼命干。千难万阻都咬牙坚持，最终挺过来了。后来长兴的县长多次表扬这是"泗安速度"，我认为这应该是"'人人'速度"。

浙江人人集团刚成立，需要引进大批新设备，包括注塑机、冲床、慢走丝、中走丝、精雕、三坐标、磨床、火花机等。设备采购周期长，要保证新设备准时交付运行，时间紧任务重。采购大额设备，有2家以上的对比还价相对容易，但是高端进口设备区域独家代理就很麻烦，不从他这里买就买不到。其中夏米尔的CUT C350慢走丝机床采购经历最为印象深刻，这台设备也是最贵的。

该设备报价73万元，通过几轮还价降到71万元，然后降不下去了。时间紧迫，我心里也没谱，到底底价多少也不知道。由于GF是区域代理销售制，咨询江苏省或上海市的代理商，他们都不报价。我直接跟对方销售经理说明：车间推荐GF的设备，但是我不一定买这个牌子，我自己也在了解，余姚用的沙迪克设备很多，反馈品质也很好，价格才60多万元，如果你价格不动我只能说服车间用沙迪克了，能达到一样的加工精度，我为什么要贵几万元买你的设备？销售经理看我态度坚决，靠近我轻声地说："给你留了一些。"我一听还有降价空间，问道："留了多少？"销售经理一怔说："1万元。"我说我考虑一下。然后千方百计跟我们的供应商打听有没有人买过这个型号的设备，价格多少。最终问到模具城有这款设备，价格含税70万元出头。全面了解情况后给领导拍板，领导说还到70万元以内可以签合同，要抓紧。于是我拨通销售经理的电话："销售经理，把留给我的直接从货款里扣掉，按照69.9万元，合同可以立即签掉。"销售经理犹豫了一天最后回复可以做合同，且按照人人集团的合同版本签。

事情还没完，这台设备按照合同规定，供方收到需方定金后60天内交货，并负责安装调试完毕。就交货日期来算延迟了 13 天，按照合同第五条第四款规定，每延迟交货 1 天，赔偿需方货款总金额的百分之一（即 6990 元）。由于供方违约在先，且没有给出赔偿方案，亦没有跟需方协商赔偿事宜，所以质保金一直没有付款。

销售经理打电话给我说，这个交期时间当时也是大概时间，进口的设备要报关时间没有那么精准，当时也是配合我签合同。再说也没有影响我们使用，设备到了我们场地还没布置好。我反驳道："当时买设备的时候我就说这个设备很急，再三交代一定要按照交期完成，只能提前不能延迟，您也是做了保证的，且合同都写明调试完毕的日期，当时设备没到我天天电话催，贵公司也不急，我要被考核，不是嘴巴说不影响就不影响的。"

销售经理电话那头直接说："要不我送你 1 台最新款的苹果手机，9000 多元呢，此事就不要追究了，反正也没影响贵公司使用。"我心想，这家伙又是这个套路，上次还不长记性吗？我回复：按合同办事。

销售经理继续说："我在浙江工作服务客户 20 多年，未曾有一家客户在这个问题上如此纠缠的。"又说："不是收到设备以后就不合作了，质保期以后还是要他安排人处理的。圈子很小，大家以后低头不见抬头见。"

我仔细考量：三包期有合同约束，售后件是直接从上海 GF 配件中心订货的，唯一的担心就是三包过后，如果代理商靠关系或想方设法买通售后维修人员，再从中作梗，我们设备万一有问题会很难受。经过权衡，既然 GF 是国际知名企业，如果真的有这种问题，我们投诉会有效，作为一个代理商，他也不敢乱来。

如果说买你一台设备以后还要受你制约，那么这场采购是失败的。

我将情况向领导反映，也再三考量，问了车间，实际影响我们使用3天，为了后续的维修保养合作，让对方按照延迟3天赔偿。我当即跟销售经理协商，对方看我们态度坚决，承认延期交货违约的事实后，立即签订赔偿协议（20970元），保证了公司的利益。

从这台设备的采购上我也摸索了一套自己的方法，包括后续一系列SMT贴片设备的采购及自动化流水线设备的采购过程中价格谈到最后，总还能继续把价格拉低。在上千万元的设备采购过程中，我抵抗住了金钱的诱惑，因为领导把我委派到采购时说的第一句话就是："要坚守底线，不湿鞋，我相信你的人品。"我在物欲横流的时代做到了在诱惑前不为之所动，坚持原则，不忘初心。

坚　持

第四个3年从2020年开始，我担任了部长，同时负责采购和质量两个科的工作。这是我职业生涯中最煎熬的一年，一天恨不得掰成两天使，因为自己又当"被告"又当"法官"，产品和零件的历史遗留问题又多，只能发现一个问题想办法解决一个问题。

管理质量很揪心，很熬心，也很费心。不良来料会导致停线，成品发不出去主机厂停线1分钟罚款4000—12000元，面对几十家主机厂和上百家的仪表板厂要保持24小时手机畅通，上夜班的主机厂半夜三更打电话反馈问题是常事。嘴巴说说做好服务不让主机厂抱怨，要想做好面临的实际困难很多很多。

但是在领导的大力支持下，在各部门的配合下，在工友们的努力下，作为管理层的我们及时发现问题解决问题，有信心保证公司稳健运作，为"百年人人"保驾护航。

我坚信：挫折会推倒庇护你的高墙，却也让你看见了更广阔的天地；麻烦会摧毁呵护你的温室，却也让你锻炼出松柏般的坚韧；苦难从你身上夺走的一切，终究会以另一种形式归来。

李　杰

2023年7月2日

感　悟

　　进入人人集团已然多年。每当走进"人人苑"的大拱门，迎面一缕微风拂来，心中就会涌出许多感悟……

　　我用心去感知"人人"的一切，一块石头、一棵小草，我也试着去读懂它们的美好。高耸的假山、秀颀的树木、盛开的花朵、清澈的池水……这里一切的一切都是那么美妙，那么让人陶醉。我爱"人人苑"里一切美好事物！

　　初春，"人人苑"里，满眼尽是绿，参天大树的枝叶互相叠加，泼出浓厚的色彩，像是画家饱蘸了颜料描绘的一般，苍翠欲滴；一棵棵柔嫩的柳树，舒展着她那刚长出鹅黄色叶子的枝条，宛如乐者淬了露珠清新的歌喉，随风而吟。这一切笼罩在雨雾中，更显得意境幽远。

　　"乱花渐入迷人眼，浅草才能没马蹄。"公司广场旗杆下的地面上，铺着一层绿茸茸的小草，像一块绿色的大毡毯似的。棵棵小草挺着胸、昂着头，仿佛你的脚把它踩倒了，它又能倔强地挺起来。虽然它只是一棵小草，但它彰显着生命的顽强和不屈。这让我不由得想到，"人人"不也具有这种精神吗？小草昂扬勃发的生机，不也正是我们"人人苑"不屈不挠的奋斗写照吗！

遥想当年，"人人"放弃了同世界汽车零部件行业十强公司——法雷奥集团（Valeo）的合资机会，不为别的，只为保护我们自己的民族品牌，不愿为了眼前的利益最终被外资侵吞！就在那一刻，我们的目标更加清晰明确——我们要打造中国的"人人牌"，要传承发展百年"人人"的事业！如今，40年过去了，我们在公司领导的带领下，向着这一目标又迈进了一大步！

盛夏的清晨，当第一缕阳光透过窗户，早起锻炼的人们已经打破了"人人苑"的宁静，慢慢地变得热闹起来。天明亮了，人也多了，我们开始了一天的工作。"人人苑"的兄弟姐妹们是勤劳的，是善良的，是智慧的，是奋进的！我们有睿智坚强的"领路人"，我们有团结勤奋的"人人团队"，我们还有厚重的公司文化，这些都是我们面对困难的底气和勇往直前的精神支柱！这些年来，通过大家的努力，我们先后给广汽本田、长安福特、东风本田、上汽等知名合资公司、国内大厂配套，从原来的商用车逐步向乘用车进军，我们的市场越来越广阔。我们的产品线也从原来单一的机械式开关向电子开关、总线开关、触摸开关发展，这是"人人"对技术和管理的创新，智能和精益的追求。"人人"一旦决定了自己的方向，专注而务实，不懈努力，一步一个脚印，永不放弃，向着百年"人人"迈进，直到成功！

深秋，树叶黄了，果子成熟了。硕大的文旦，沉甸甸地挂在枝头；一颗颗小巧玲珑的枣儿，晶莹饱满，着实迷人；黄澄澄的橘子，正朝着我们微笑……站在窗前，放眼眺望，深呼吸，就能闻到空气中散发着的那种淡淡的甜甜的果味。周末，悠闲地走在"人人"大道上，享受着宁静带来的自由和快乐！一片发黄的法国梧桐叶，带着优美的舞姿，轻盈地落在眼前的地面上。恰似一种巧合，让我停住了脚步，轻轻地拾起。树叶茎叶分明，我能清楚地看到叶子的筋脉向四周蔓延、蔓延……它似乎在向我们讲述"人人苑"里的故事：物价上涨、供应商涨价等导致公司各项成本不断上涨，我们的利润空间也被不断压缩。然而这些年，"人人苑"员工的收入却没有缩水，反而每年2次增资，从未间断，其他的福利也只增不减。公司发展离不开人的贡献，"人人"的公司文化蕴含着人文关怀，员工归属感、使命感的增强，最终凝聚力成为生产力，推动公司的发展。"大河有水小河满"，企业与员工双向奔赴，共同创造幸福生活，这既是每个员工所希望的，也是我们"领路人"的目标。不断提高员工待遇，凝聚员工，带领大家创造一个人文型的公司，一起打造百年"人人"！

凛冬，雪花漫天飞舞，寒冷的冬天对于故乡的人们来说，是一个清闲的季节，是一个围炉取暖、共叙亲情的季节。劳碌了大半年的乡亲们，在秋去冬来的时候，一改往日繁忙的身影，洗去了满身的尘土，他们要在冬天里彻底放松疲惫的身躯，静养生息，以待来年的春耕。但对我们"人人"来说，冬天一样是繁忙和紧张的。因为我们所处的是竞争激烈的汽车零部件行业，不仅要面对国内同行的竞争，还要与国外优秀的零部件厂商竞争。作为中国本土品牌的我们，目前跟他们在技术上还有很大的差距，创新技术、实现超越始终是我们技术人员的最高追求。在这轮严酷的市场博弈中，技术、质量、成本缺一不可，而技术创新是重中之重。我相信，在不久的将来我们一定可以赶上，甚至超越他们。冬天的来临，预示着一年的结束，新一年的开始。冬天的呼喊，给我们以力量，给我们以动力。"人人"经过近40年的发展，已逐步在竞争激烈的环境中站稳了脚跟，虽然过程是艰辛的，是曲折的，但结果是令人振奋的。这也说明要想成就一番事业，必须坚持，在挫折面前不退缩，直面困境逆势成长，才能走向成功，打造百年"人人"！

"人，天地之性最贵者也。"突然之间，我对"人人"有了更深的了解和感触。走进"人人苑"，我感悟到她的伟大所在，感悟到她的欣欣向荣，感悟到她的深邃引力，她是一种精神，是一种永恒！春、夏、秋、冬四季交替，不变的是"人人"精神！

郑小建

2023年7月2日

青春无悔

"人人"事业今年将迎来 40 周年生日。弹指一挥间，我来到"人人"也已有些年头了，不禁感慨时光似箭，岁月如梭。记得 1994 年的那个春天，我拎着简单的行李，带着对生活的憧憬和未来的梦想，怀着忐忑的心情踏进了东新路 59 号杭州汽车电器厂，从此成为了"人人苑"的一员，完成了从学生到企业员工的转变，新的人生旅程从此开始。一路走来，心怀感激。

刚进"人人苑"，正值"人人"事业二次创业高潮，三方合资的杭州长美汽车电器有限公司刚起步，五十铃 N 车组合开关开始进入国产化，公司正走上了一个新的发展起点。我有幸被分配到了合资的长美车间：韩国的设备、日本的工艺及管理模式、复杂的装配工艺……令刚进"人人苑"的我无所适从，备感压力。车间主任的谆谆教导，工友的热心帮助，使我在工作中不断学习磨合，我逐步融入了"人人苑"这个大家庭。那些年，车间里工友们年轻有干劲，比技能，争先进，朝气蓬勃，这也推动着我努力前行。

多年来，亲历了多次厂房的搬迁、建设，受到了非典、世界经济危机、新冠等冲击影响，见证了杭州汽车电器厂到杭州人人集团有限公司的蜕变壮大。"人人"事业始终稳步发展，我也深切感受到"人人苑"里那种自强不息、百折不挠的创业精神和氛围，也正是这种"人人"精神造就了"人人"事业今天耀眼的佳绩，我的心里也充满了自豪和感慨。公司在发展的同时，更为我们员工提供了一个自我发展的空间和实现自我价值的平台。有多少耕耘就有多少收获，我从一名普通的装配工，逐步成长为车间的业务骨干、班长，技术部的技术主管、设计科长。在这个过程中，离不开董事长及公司各级领导的关怀和培养。在我得慢性病时，公司额外的照顾，长期给我超标准报销医药费的厚待。公司给了我各种内外培训、学习的机会。通过不断的培训学习，我逐步掌握了3D、2D等设计软件的应用及产品开发设计的专业知识；参加夜大学习，努力提高自身文化水平，逐步担负起公司主导产品之一点火开关及组合锁芯的新品开发和技术主管工作，完成了近20个型号点火开关及组合锁芯的开发。

一路走来，有成功也有挫折，但在压力下始终未放弃前进的步伐。这主要得益于公司各级领导一次次的教导、帮助，他们辛勤的工作和默默的奉献精神也给我做出了很好的榜样，培养了我工作的责任感，给我前进的力量，使我在跌倒中爬起，在挫折中前行，回首过往依然感激不尽。

正如一滴水，只有融入大海，才会有汹涌澎湃的壮美。一个人只有全身心地投入工作、事业，他的生命才会在奉献中发出耀眼的光辉！我在"人人苑"找到了自己人生的坐标，我愿为它挥洒青春和汗水，共同书写美好的人生。"人人苑"就是我们的家。一个工作、生活的家园，我们为它的兴旺而喜悦，为它的辉煌而开心。看着它的成功和强大，内心油然而生一种成就感，人生的价值和梦想在工作中得到了体现。在这里，只要努力就有成果，只要付出就有回报，只要有信心就有美好的明天。一个人，如果有了集体的依托，就会如同绚丽绽放的花朵，实现自己的人生价值。

走进"人人苑"，让我青春无悔！我会继续为"人人"明天的辉煌去努力奋斗，为打造百年"人人"尽职尽责。

金智慧

2023 年 7 月 2 日

四十年的情缘

2023年12月16日，我们将迎来公司不惑之华诞！40年，对于我们"人人"事业，是企业发展和腾飞的一个里程碑。40年的历练，40年的奋斗，我们在董事长和公司总部领导的带领下，实现了一个又一个曾经不敢想象的目标。从一个不起眼的小企业，成长为汽车零部件领域专精特新企业，如一颗璀璨明珠熠熠生辉！

40年前，董事长播下那颗种子，在这片土地上生根发芽，长成了今天的参天大树；25年前的1998年6月6日，我们成立了杭州人人集团，这次体制改革在赋予企业能量的同时也带给我们新的憧憬和梦想，大家期待着二次创业带来新的飞跃。我们这一代人在董事长的带领下，从建厂初期开始，一步步走了过来，见证了初创阶段的艰辛，二次创业的执着，现在"人人"品牌终于成为行业翘楚。

40年来，公司经历了风雨，越过了坎坷。其间我们在董事长的带领下，克服了各种困难，在非典横行、新冠疫情暴发的时刻，公司全员齐心协力，战胜前所未有的艰难险阻，最终获得属于自己的那份荣光。

伴随"人人"事业的发展，我也从一个年轻小伙走过了不惑之年，走向知天命之年！我在工作中逐渐成长为一名企业的技术骨干，追梦的同时，也延续了与公司共同奋斗的情缘。在工作的日子里，我努力过，拼搏过，无怨无悔，虽然在现实的舞台上没有鲜花，也没有掌声，但我默默奉献着自己的全部。我选择在公司历练自己，是因为在这里曾有我的青春和幸福的家庭；我选择了在车间提升技术，是因为我热爱这份与机器、技术共舞的工作。我在这里曾洒下辛勤的汗水，曾收获成功的快乐。在公司培养下，我成为杭州市劳动模范，当勋章在胸前发光之时，我更是豪情万丈，劳动人最光荣，希望自己永不停歇劳动的步伐！

俗话说得好，"大河有水小河满"，员工和公司就是一个共同体，公司兴则我兴，公司衰则我衰。经过 40 个春秋，我们也成为吃苦耐劳、勇于进取、永不言退的"人人苑"的成员，我们用辛勤汗水谱写了一曲平凡而美丽的乐章，用勤勉智慧铸就了一部自强和奋发的史册。40 年来，我们在董事长的带领下，用自己坚韧的步履刻画了企业发展的轨迹，用实实在在的行动书写了一篇"敢为天下先"的战歌。

2023 年是不平凡的一年，我们将迎来公司 40 周年的生日。经过 40 年的创新和磨砺，我们确立新的目标！蓝图已描绘，新的起点，新的征程，展望未来，深感任重而道远。面对风起云涌、硝烟弥漫的市场，我们会更加坚定信心，将压力变为动力，跨越新的高度！

知者不惑，仁者不忧，勇者不惧。祝愿"人人"事业的不惑之年，开启智慧豁达之新途！

楼伟良

2023 年 7 月 2 日

青春缩影　爱的记忆

"奶奶，这张照片上都是谁呀？"

"你先猜，哪一个是奶奶？"

"中间这个穿粉色裙子的是你！"

"你怎么一眼就认出我了呢？那你知道照片上这是什么地方吗？"

"不知道，这是哪里呀？"

"这是内蒙古大草原，是奶奶和单位里的同事一起在旅游呢。大草原太美了，一眼望去，蓝蓝的天和青青的草连在一起，我们可开心了！奶奶的单位也是奶奶的第二个家哦。"

你没看错！照片中那个青春、快乐的姑娘就是我，周围都是我在"人人"的同事们，而"人人"就是承载着我整个青春时代的"家"！

30多年来，我的身份一直在转换，从妻子到母亲再到如今都已经做了奶奶。时光流逝，但唯一不变的是，36年后的我依然是人人集团的一分子。回首过去，我的心中眼中也仍然是初见人人集团时美好的样子。

　　1987 年 1 月的一天，于他人而言，是无数日子里极其平凡的一天，但对我来说，却被赋予了不平凡的意义。这一天，是我正式来到杭州汽车电器厂工作的第一天。那时候，厂名叫杭州汽车电器厂。1998 年 6 月 6 日，正式成立了杭州人人集团有限公司；2017 年 9 月 29 日，在湖州长兴成立了浙江人人集团有限公司，公司稳步发展，规模逐步扩大；2021 年 6 月 26 日，在杭州祥运路上矗立着 3 座现代化的楼群，名叫人人大厦——一个划时代的属于"人人事业"的发展里程。我很荣幸见证了公司从成立到成功再到如今的辉煌。

　　直至今天，我依然记得，当年从东新路 59 号搬到东新路 588 号时，和大家一起改造办公室的场景——自己动手拆墙头将每个房间打通成一间大的办公室。那时候，女同事们砌砖头砌得手上都是水泡，可铆足了劲的我们却浑然没感到疼痛，依旧沉浸在创造"家"的欢乐中，时不时还会得意地炫耀一番我们的劳动成果。那时，我们的条件比现在艰苦得多，却仍然觉得开心。只要能看到公司的稳健发展，那我们的努力就有意义，那流下来的汗水都会是香甜的。

　　在这 36 年中，我从一线的装配工人到描图员再到文秘，一步步地在工作中发挥着自己的光和热。也许有人会好奇，为什么我可以在一个单位做 30 多年之久？我想告诉你的是，因为"人人"于我有知遇之恩，让我有机会可以不断提升自己；因为"人人"对我有教导之情，让我可以一直有前行的动力。"人人"的恩与情不断地感染着我，也感染着每一个"人人苑"的家人们。

　　在我的记忆中，最让我感动的就是 2020 年 8 月，疫情还在肆虐的时候，我突发了一场疾病，那时候头部的剧痛和精神的压迫都让我备感焦虑。一面是用了药物还迟迟未见好转的疼痛，一面是对于工作无法进行的担忧，我不知该如何是好。在这个时候，宝贝孙子的嬉闹视频，带给我动力让我暂时忘却疼痛；公司兄弟姐妹们给我的关怀与慰问，让我能放下心来静心治病；公司领导为我寻找医术精湛的医生，让我能好得更快一些。这一切，都是公司赋予了我底气，这一幕直到现在我都铭记于心。虽然那段经历是痛苦的，但是至今回想起来，我仍感恩至深。能进入这样的公司，我想真的是人生一大幸运。

如今的我依旧在人人集团坚守着自己的岗位，要问是什么可以让我不断坚持，那就是爱吧！是"家"所给予我的爱，是我对"家"沉淀的爱。"人人"承载了我的青春年华，而我也见证了她的辉煌岁月。我相信在这样有爱的"家"中，在我们所有家人的努力下，"人人"的明天会更加璀璨辉煌！

周　平
2023年7月2日

人人为我，我为人人
——杭州人人集团辉煌 40 周年华诞有感

序言：

人之道，道助人；人为性，心之求；莫非百年芳华。人人事业，辉煌 40 岁月。人人为我，我为人人。因信而生，止于至善的理念成就了人人事业发展的最高追求。

"遥远的东方有一条龙，她的名字叫中国"，在中国浙江，沐浴着改革开放春风，深入解放思想、发展经济的洪流中历练的浙江人头脑灵活，思想解放，民营经济如雨后春笋般发展起来，其中"人人"从 1983 年 12 月 16 日成立杭州汽车电器厂，郭厂长带领着全体员工风雨同行，一路颠簸走过了 40 载，它就是响当当的"人人集团"。当我怀着激动的心情撰写这篇文章时，脑海里不禁浮想联翩，现在的我想到了年轻的自己，想到了自己肩上的责任和使命，想如何在今后的岁月里让自己的余生更加耀眼，更加璀璨！

2006 年 3 月，我第一次来到人人集团，成为一名普普通通的员工。在这 17 年，我度过了美好的青春，见证了泗安浙江人人的茁壮成长，看到了北软的人人大厦的屹立。我在这里上班工作，忙碌而充实。在每天的工作中成长与学习，体会到了乐趣并且亲身体验了企业不断发展壮大的历程。这么多年来，我始终坚信，企业不仅是我的安身之所，更是我展翅腾飞的基石，在努力干好本职工作的同时，意识到自己的欠缺，在社会不断发展进步的今天，不学习就会落后，不学习就不会成长。我感激公司领导的把舵引领，感激同事们的辛勤工作，感激全体员工的齐心协力，是这所有的付出才换来了公司的产品不断更新和发展，给我们员工以幸福生活的保障，也让我们公司劈波斩浪一路到今天的辉煌。17 年来，我从一个懵懂的小姑娘到今天一个富有思想、意志坚定的职业女性，是公司培养并成就了我的人生。我将继续努力学习，享受着公司给我和家庭带来的安逸生活和快乐时，我把万分感激化作对公司的热爱和动力，我心已融汇在我的本职工作中，为公司实现跨越发展，尽最大努力做一份贡献。

40 年来，人人集团每一次成长，都离不开所有员工付出的艰辛和努力。集团和员工是一个共同体，通过每天的工作实践，我深深体会到企业中的每一个岗位都很重要，它就像一台机器中的每个螺丝，只有将每个螺丝拧紧，机器才能稳定、快速地运转。人人集团给了我们最大的信任和发挥空间，那么我们就应该自觉地把个人的命运和企业的发展融为一体。我们要带着强烈的责任心充满热情积极主动地去工作，恪尽职守，为人人集团的发展贡献自己的力量，这不仅是我们，也是人人集团走向成功的起点。如果把人人集团比作一个大家庭，我们就是其中的孩子。集团深怀对每个家庭成员的热忱和疼爱，让每个人都获得成长，而我们这些家庭成员也无比珍视地敬爱与拥戴人人集团，并且无怨无悔地维护着大家庭的利益。在这个集体中，每个员工都有体现自我价值和展示才华的平台。

无论过去，不问将来。作为一名企业人，我工作，我快乐；我耕耘，我收获；我骄傲，我更自豪，企业伴我成长。40周年，是一次总结，更是一次再出发的宣誓，我愿为她奉献我的一切力量，无怨无悔。

章丽红

2023年7月2日

四十年风雨一路走来

40年来，"人人"事业的发展是不平凡的。自1992年正式成为人人集团一员以来，有幸目睹了她的飞速发展。我更有幸能够伴随着公司发展壮大，作为团队中的一员，一路走来，我由衷地感到骄傲。

在历史的长河中，40年只是弹指一挥间，但对于企业和个人来说，这40年却是一段从弱小到强大、从懵懂到成熟的历程。"人人"事业是顺应时代发展的，特别是近10年来，"人人"以坚持不懈的精神进行着奋斗，不断提高产品质量与服务水平，扩大市场范围，打造高品质的"人人"品牌，努力向电子产品发展，成为中国领先的汽车电器产品供应商。"人人"坚持科技进步，重视技术创新、新工艺的采用，努力不断向高科技领域进步，现在已经成为产值过3亿元的小型巨人。

人，天地之性最贵者也。人，无所不在，人之所尊。无为而无不为，斯乃大为也。

"人人"是一个永恒体，

她，明于自知、知人、度人而美于人。

天能长久，地能永存。

"人人"知足不辱，知而不殆，更勇往直前，强者有志。

修身，齐家，国治，民享，则长盛，则不衰。

于是，人人苑始终为快乐之家。

"人人"集团的企业文化是整个公司的灵魂——"人，天地之性最贵者也"。一个企业，必须要有一种正确的、先进的企业文化作为指引。先进的企业文化对提高企业凝聚力、增强团体协作能力将起到不可估量的作用。物质资源会枯竭，唯有文化生生不息，企业文化是一种无形的、潜在的生产力，是一种无形的资产和财富，优秀的企业文化会对企业的长远发展起到积极的、不可估量的作用。人人集团的企业文化强调以人为本，创建和谐的人文环境，实行人性化管理，包括对人的尊重、充分的物质激励和精神激励、给人提供各种成长与发展机会等，"她，明于自知、知人、度人而美于人"。这样的企业文化使员工产生强烈的归属感，自觉地把自己的智慧和力量汇聚到"人人"的整体目标上，把个人的行为统一在企业行为的共同方向上，从而凝结成推动企业发展的巨大动力，企业和个人才能真正融为一体，人的潜能得到充分发挥，最大限度地为企业创造价值，实现企业与个人的双赢！在这一点上，董事长的经营无疑是成功的。

"修身，齐家，国治，民享"，"人人"是一种奉献的体现。初到"人人"，都会惊诧于每一个老员工从内心散发出来的奉献精神。在这里，大家每天都很忙碌，我们没有专职的清洁工、搬运工、园艺工……但厂区整洁的环境、每天紧张的发货、公园化的生产环境等都是我们自己亲手打造的，这对所有的员工都是一种鼓舞和激励，在这种前仆后继的奉献中，我们看到了体现在每一名员工身上不竭的动力源泉。

"知足不辱，知而不殆"的"人人"是执着的。只要是认准的，必定想方设法地去完成。出差以后甚至来不及放行李就先到公司办公，在汽车厂日日夜夜跟班处理问题没有节假日，这样的精神投射在每一名员工的心中。无论顺境或者逆境，在困难面前的百折不挠的韧性及进取精神，勇于接受挑战，永不满足，臻于至善的卓越品质，让所有的人都不负于"人人"所肩负的历史使命。

"人人"的无私奉献和执着精神，也让我深深地体会到了自己的不足，"人人"的企业文化，无时无刻不在影响着我。"则长盛，则不衰"，这句话使我深刻地体会到个人的梦想和希望就必能在这里达成。要想实现梦想，就需要我们不断地努力和拼搏。只有像"人人苑"这样充满着勃勃的生机和创造力，才能不断进步、不断创新，才能实现我们的梦想。我为能成为"人人"的一分子感到无比的骄傲和自豪。

没有什么比机会更让人珍惜，没有什么比温暖更让人感动，没有什么比舞台更让人期待。是她——"人人"，给了我们实现梦想的机会，给了我们家庭般的温暖，给了我们施展才能的舞台。让我们搭乘"人人"这艘豪华巨轮，载着梦想从这里起航，去乘风破浪，一起勾勒"人人"事业明天美好的蓝图，共同到达成功的彼岸，"人人苑"始终为快乐之家！

崔志强

2023 年 7 月 2 日

折 射

时间过得飞快，来到"人人苑"已经快 3 周年了。在这充实的 2 年多时间里，从看到的和听到的事物中感悟良多，足以令我受益终身。

走到人人集团门口，被类似凯旋门的高大建筑门楼给震撼到，两根粗壮的罗马柱耸立在大门两旁恢宏大气、气势磅礴，体现了公司的实力。

我在公司日常工作中会到各车间及各部门走动，在走动过程中发现办公大楼的门是木头做的，达到了消防要求。C 大楼的车间门也是木头门，门上的拉手有厚重的历史感。办公楼的铝合金玻璃隔间也是自己隔断的。除了办公楼不锈钢电梯门光鲜亮丽，其他的门都有岁月的痕迹。

推开公司每一扇门，背后都有公司成长的故事。

纵观"人人"事业 40 年来风雨坎坷，每一分利润都来之不易。虽然目前公司已经是集团化公司，借用时下流行的一句话——"不差钱"，但我们董事长并没有迷失方向，仍然将勤俭管理持续进行。

物质生活日渐富裕的今天，"勤俭"这个曾经被普遍推崇的美德，正在被越来越多的人所遗忘。有的人认为节俭丢面子、失风度，把铺张浪费当成身份地位的象征，盲目攀比，这些现象与勤俭节约的传统美德相距甚远。

曾几何时，"谁知盘中餐，粒粒皆辛苦"的诗句常在耳边回响。

曾几何时，"一粥一饭，当思来之不易；一丝一缕，恒念物力维艰"的古训仍在心头萦绕。

回顾身边，在你我洗盘刷碗、洗脸刷牙、洗发洗澡、冲洗厕所的时候，你我可曾想过，要节约每一滴水；在你我使用电灯、电话、电脑、空调、饮水机、复印纸、公文纸的时候，我们也要做到节约。勤俭节约是中华民族的传统美德，自古便有"历览前贤国与家，成由勤俭破由奢"。历史反复证明了这个道理："奢"能败国、败家、败自己。一个没有勤俭节约、艰苦奋斗精神作支撑的国家是难以繁荣昌盛的；一个没有勤俭节约、艰苦奋斗精神作支撑的公司也是难以自立自强的。

也许有人会问："现在我们的生活这样好了，还需要勤俭节约吗？"回答是"当然需要"。勤俭节约是一种美德，也是一种精神，不以物质是否丰富为前提。生活贫困要勤俭节约，生活富裕也要勤俭节约。今天，古人的话仍值得我们借鉴：俭，德之共也；侈，恶之大也。如果我们从今天起，节约每一滴水，天长日久，我们就能节约一片江河；节约每一张纸，日积月累，我们就可能节约一片森林；节约每一度电，日积月累，我们就可能节约一座小型发电站。

就让我们学习勤俭节约精神，从自己做起，把勤俭节约的美德传承下去，为人人集团百年企业目标共同努力。

李正红

2023 年 7 月 2 日

"人人"感悟

不知不觉间，立夏已过，抬眼望去，厂内的樟树、广玉兰葱翠欲滴，让人心旷神怡，轻松自在。偶然翻开日历，刚入公司的情景，仿佛昨日一般清晰可见，抑或是过了许久一般历久弥新，对工作和专业知识有了更深的理解和认知，在这个充满活力和进步的团队中，自己也结婚成家，成熟了许多，跟随公司方针和领导的步伐，作为技术部的一员，见证了人人集团厚重的企业文化和底蕴。

我有幸进入杭州人人集团工作，在入职 3 年半的日子里，经历颇多，感慨良多。时光飞逝，光阴似箭。记忆在逐渐模糊，但是在"人人"这个大家庭中的点点滴滴却历历在目。经历了这些年的磨砺，渐渐地和公司紧密联系在一起了。

在这里，自己从一个什么也不懂的门外汉，通过前辈工友的谆谆教导，不断学习和提升自我，努力缩小与前辈工友的差距，学习他们的优点。"人人"拥有自己独特的人文情怀，疫情期间大家被隔离在公司 13 天，却斗志高昂，没有一人因烦躁而失控，反而日夜兼程，共同探讨，又一起完成广汽组合开关等开发工作，在生产交货上又迎难而上寻求突破，达到"自救"的目标。我发现杭州"人人"是拱墅区疫情期间第一批复工复产的企业，还发现这个公司体恤工友，细致入微，时刻为弱势工友谋福利，在节假日食堂没开伙的情况下，都有人安排好一些住公司集体宿舍残疾工友的饮食起居，几十年如一日，甚至公司自己出资，筹建"人人"天桥方便他们过马路，让人感动不已，也深深地教育了我向善并从善。

我犹如沧海一粟，而杭州人人更像是一个温暖的"大家庭"，教我们成长，让我们进步，为我们提供展现自我的舞台和机会，在企业度过的时光是我们人生中最黄金的岁月，时光易逝，而我们得到的更多；青春难驻，我更加要用积极的态度对待工作。尽管公司也存在挑战和困难，还经历了新冠疫情的肆虐，但只要我们坚持弘扬"人人"精神，生活就会充满希望、充满阳光。

在"人人"事业 40 周年生日来临之际，我衷心祝愿"人人"知足不辱、知止不殆，更勇往直前。

"百年人人，恒顺向上"。

杨蒋军

2023 年 7 月 3 日

勇往直前

在收获一年丰硕成果的日子里，我们迎来了"人人"事业 40 周年厂庆的喜悦。

40 年，在历史的长河中或许只是一朵小小的浪花，再详细的史料也只是寥寥几笔一带而过。但对于我们来说，这 40 年承载了太多太多，在竞争如此激烈的市场中能站稳脚跟，成为中国汽车电器电子行业排名前 10 的企业。其中的艰辛和曲折，我不能一一描述，但我知道，这 40 年里，公司全体员工齐心协力，奋力拼搏，用汗水和努力灌溉出一个生机盎然的"人人"。

1994 年，我还是个懵懂的少年，从老家来到了杭州，来到了"人人"。什么都不会的我，在踏进人人集团的那一刻，显得有些迷茫和困惑，但值得庆幸的是，我遇到的领导和工友们都非常热情，这消除了我的陌生感，也在日后的工作中，慢慢适应变得成熟起来。

我喜欢这里的工作环境和相处的工友们，他们很像我老家的兄弟姐妹。我们一同工作，一同成长，欢声与笑语时常萦绕。我最幸福的时刻也是和人人一同见证的。

2003年，在工友们的祝福声中，我和厂里的一名工友结婚了，成立了我们的幸福小家，公司还为我们送上了最诚挚的祝福，我很感谢；2004年，在大家的关心期待下，我迎来了宝贝女儿的出生，喜悦的心情溢于言表，而公司每年都会组织有关儿童的活动，我的孩子也能乐在其中，我很感恩。

但生活好像总不能一帆风顺，大女儿出生不久便被查出了先天性心脏病，而老婆也被查出了心脏有问题，都需要住院开刀治疗。这对当时的我打击非常大，一时都不知如何是好。在这紧要关头，公司领导和工友们得知后，通过各种关系和渠道帮忙联系医院和专家，让她们能在第一时间得到好的治疗。在住院期间也有很多领导和工友轮番来探望，还主动安慰我们要坚强，困难总会过去。能遇上这么有人情味的公司和工友，真的是我人生中最幸运的一件事了。

2023年是我在公司的第30个年头，我已然从一个懵懂少年成长为中年大叔，也从一个车间小伙成长为采购科科长，我很庆幸最好的年华都是和"人人"事业在一起，也期待接下来的岁月和"人人"携手并肩。

我已做好了见证"人人"事业40周年的准备，也期待并坚信"百年人人"的目标最终能实现。

王元桢

2023年7月2日

别样的记忆

流光一瞬，我们将迎来"人人"事业 40 周年华诞。"人人"产品线进入了新能源技术发展快速通道。总部决定全面实施技术改造升级迭代，泗安厂区 D 楼作为充电桩新技术产品的制造基地。我整理着基建设计图纸，心潮澎湃！眼前的 D 楼已在一个月前被拆平，辉煌蓝图等我们描绘！

2018 年 9 月 10 日，我正式踏入了浙江人人的大门，那时管理部和财务科还在一个办公室办公，略显拥挤，曹总埋首案牍，财务科两位同事也正聚精会神工作，一时间只听得指尖敲击键盘的声音和偶尔的工作交流，不像其他公司办公室那般喧闹杂乱。我面上不显，心里却已经有了计较。我以往都在个体或小单位上班，企业发展不稳定、管理随意散漫，个人的职业生涯也颇有点颠沛流离的感觉，而"人人"给我的第一印象就是很正规，能让初来乍到的我感到安稳安心。我应聘的职位是公司办公文员，此刻，我暗下决心，一定要做好这份工作！

我一开始对文员的工作认知非常浅薄，以为类似前台兼职资料员，但领导找我一番谈话后让我认识到："人人"的文员可能跟我之前想象的不一样，并非可有可无的岗位，不是随便谁都能做好的工作。文档工作：严格按照档案资料管理编目装订保存；文书工作：需要具备基本的文学素养，了解通知行文规则和格式，不能出错；接待工作：懂基本的商务礼仪，不能怠慢访客；行政工作：大到人力资源管理，小到员工吃喝拉撒都是办公室的工作。绝非打打资料、接接电话，就可以胜任这份工作的。这份工作需要历练和付出。

带着领导的要求和期许，我忐忑不安地迈出在"人人"的第一步。起初的我谨小慎微，生怕行差踏错，星期六默默到公司"加班充电"，没想到每次不是碰到领导就是碰到部门的同事，周末大家都在充电和工作！他们都主动询问我有什么不懂的地方，特别是财务科的同事还教会了我很多之前没用过的表格函数，大大提高了效率。在认真、团结与和谐的气氛中，我们慢慢熟悉彼此，我也真正体会到工作带给我的快乐，也在工作中实现了我的人生价值。

"我们辛勤地耕耘是为了我们的希望"这句话是董事长题在杭州总部大门口一张大照片上的，是 2002 年新年，董事长和 12 个员工子女的合影。这句话经常鞭策着我们！它不单单是一句口号，而是饱含着温情的行动指南！公司把个人的"小家"和企业这个"大家"联系在一起，时时刻刻也都会有家的关爱和温暖。让我记忆尤为深刻的是，2019 年的"六一"儿童节。那年，公司工会邀请全体职工带着子女来公司参加亲子活动。其间安排了参观生产线的行程。迈进车间大门，孩子们一边走一边看，对他们来说一切都是那么新鲜、好奇。工会主席给孩子们介绍父母平时做的工作，还耐心讲解着我们车间的零部件产品会用在何处，孩子们也都认真聆听，不时驻足询问、交流；我们的技术工程师还给孩

2019 年 6 月 1 日浙江人人孩子们过六一儿童节，发放礼物后合影

2019 年 6 月 1 日浙江人人组织孩子们过儿童节——参观车间，
了解父母们的工作环境

2019 年 6 月 1 日浙江人人组织儿童节活动——孩子们户外活动
后合影留念

子们介绍了企业自己研发制作的自动生产线，孩子们不时发出一阵阵赞叹。第一次走进父母的工作场地，了解爸爸妈妈的工作环境，孩子们求知欲爆棚，纷纷和家长们热烈交流着。参观结束后，工会还安排了丰富多彩的亲子游戏，像击鼓传花、抢板凳、考验亲子默契的比手画脚游戏等，一时间欢声笑语不断。最后的亲子手工制作纽扣花考验亲子合作动手协作的能力，看哪一组亲子家庭做得又快又好看，比拼尤为激烈。

于成人来说，参与者们在一系列游戏和交流中拉近了亲子关系，也切身感受到了"人人"的人文关怀，增强了归属感、幸福感；于孩子而言，最好的教育不是说教和强迫，而是真正读懂父母工作的意义，懂得感恩！更激发他们的内驱力，让他们明白为之努力的方向。活动结束后，公司食堂还准备了丰盛的自助餐，孩子们在经过脑力和体力比拼后，饭也吃得格外香。最后精心准备的六一礼物也送到了小朋友手中，一张张小脸上洋溢着笑容，相片定格了这一难忘的瞬间。

人人集团正是这样有爱的大家庭，一切如此简朴，如此真挚！关心、关爱工友的生活、工作。更关心我们未来的希望——孩子们！在这样有爱有温情的大家庭里工作，幸福指数也很高，也让我觉得工作不是将就而是热爱！

陈欢欢

2023 年 7 月 2 日

"人人"伴我行

时光荏苒，岁月如梭，转眼间来人人集团已满一年了。生活的考验、工作的磨炼、企业领导的谆谆教诲……无不在告诉我，做人做事要严谨、慎重，要有责任心。

工作是我们充实生命的平台，是人生必定要走且要走好的一步棋。而在"人人"的工作让我明白，员工的素养、品质与企业文化休戚相关，与企业的命运紧紧相连。

起初来到"人人"，目的很单纯，只为了挣钱。可在日后的相处中，慢慢地感受到了同事间的和谐和领导的关爱。这一切温暖了我的心，同时也加快了我融入人人集团大家庭的步伐，我想为之努力，为之奋斗。

我还了解到我们人人集团自创立以来，坚持每年招聘残疾人，并为他们购买五险一金，大大提升了他们的生活幸福指数。此外郭董事长还多次携公司其他领导探望残疾员工，给他们送去慰问和温暖。

在人人集团的这一年，企业不断地向高科技领域发展。虽然目前技术平台还不很先进，但董事长也明白现在是科技主导市场，技术创新在企业发展中起着关键作用。2022 年董事长郭长财专门组织公司所有领导和技术专家进行了 2 天的公司讨论会，目的是给"人人"市场的发展方向作调研指示，同时也表彰一些有能力的人才。公司时不时举办各类旅游和交流活动，使每个人在接触和沟通中增进感情，在烦恼的工作中调整心态。在每次交流活动中，我能感觉到团队的强大。我们每个人虽然只是办了一些简单的事，但是能促使团队完善一步，精进一步。每个人身上都有不一样的亮点，把这些亮点融入团队，就能壮大团队的力量。

我来人人集团虽然时间不长，却切身了解到人人集团的企业性质。人人集团秉持以人为本，人性化管理的理念，遵循厚积与创新结合的科学发展观，形成了一个积极、进取、健康的企业文化，不愧为省文明企业、省诚信示范企业、省高新技术企业……

身为人人集团一分子，我自豪，我骄傲！希望在大家共同的努力下，在以郭董事长为核心、"人人"为纽带的团队引领下，我们将在高、精、尖的现代化设备的高新技术上取得更加光彩夺目的成就。

李 东

2023 年 5 月 11 日

感恩遇见

董卿在《朗读者》中有这样一段话：时间的一切都是遇见，就像冷遇见暖，有了雨；春遇见冬，有了岁月；天遇见地，有了永恒。

我遇见"人人"，便有了故事。

第二次踏入"人人"大家庭的我，少了第一次见面时的青涩，多了一丝成熟，因为我知道，我回到了那个给我温暖记忆的地方。

初次认识

2017 年 10 月，我辞去了杭州滨江一公司的工作，决定回泗安老家发展。也是在同月，我见到了浙江人人最早一批来参加基建的同事们。

我的妈妈在厂区不远处经营着一家小小的餐馆，一天晚上，我正帮忙收拾着碗筷，进来了一行人，穿着蓝色工作衣，浑身是土，他们坐下后招呼我来点菜。虽然是第一次见，但却异常有礼貌，那时候的天气，即使是晚上，也还是很炎热，豆大的汗珠布满了他们的额头、有几颗还调皮地落下，但却看不出他们的疲惫，反而饶有兴致地在谈论着什么。

妈妈告诉我，他们是从杭州过来的，在我们家前面的厂房做改造，叫什么"人人集团"。这是我第一次听到"人人"这个名字。当时，我正好也在找工作，于是上网百度了杭州人人集团，觉得此公司很靠谱。在经过交谈和了解后，我决定去"人人"面试，很幸运被录用了，缘分也就这么奇妙地结下了。

总部实习

2017年11月26日，我作为泗安厂区新招人员，去往杭州人人总部实习，当大巴车停下后，我见到了人人总部的模样：进门左手边的墙面上，张贴着总部领导人员及优秀员工的荣誉照片，显得特别亲切；主楼的电子屏上，写着"欢迎泗安工友前来实习"的字样，充满人情味；墙角旁有一长处黑板报，上面的文章内容很是有趣……

当晚，我们在总部同事的带领下，来到了"人人"的宿舍，6人一间的上下铺，转瞬就让我回到了高中时代，空间虽然不大，但却显得干净又温馨。我之前在杭州租过房，知晓物价，但"人人"却能免费提供住宿的地方，这实属难得。

印象比较深的是，每一次去往食堂的路上，总能看到董事长站在食堂楼下，微笑地看着所有人缓缓走来，很有老父亲的既视感。就像朱自清的《背影》，很平凡的一件事，却能呈现出父亲的关怀和爱护。

我实习的部门是管理部。我印象中的文员是只需坐在电脑面前，敲打键盘复印文件即可，但在"人人"并不只是我想的那样。要想成为一名合格的文员，我需要对技术工艺等图纸进行保存及下发，如果不了解产品和工艺，肯定做不好此工作。所以，亲自参与组装，知晓产品基本

2022 年 11 月 4 日长兴泗安浙江人人集团有限公司大门

流程非常重要。我们会时常下到车间，与生产第一线的工友们一起组装产品，对产品有更为深刻的认识。生产紧急的时候，我们会利用休息时间去车间助勤，一起保供保产，不分彼此。从一开始的不习惯，到慢慢接受，最终一个月的实习下来，我竟打从心底里有了认同。润物细无声，"人人苑"脚踏实地的工作作风无时无刻都在影响着我。

短暂相处

2017 年 12 月底，我结束了实习期，回到了泗安厂区，将从杭州总部学到的知识和技能运用到工作中去。

那时候的浙江人人集团，在泗安已是小有名气，很多人前来报名应聘。招聘优质员工成为我的第一项工作，在一遍遍回答报名人问题、宣扬公司文化、讲明制度规范中，更加深了我对"人人"的认识。

那时候最喜欢的事情是和食堂阿姨一起去菜市场买菜，早晨的菜市场有我之前从未体验过的热闹，阿姨那精明的还价方式也让我获益颇多。厂里的电动三轮是我们的坐骑，在此之前，我根本不会操控它，但来了"人人"后，我好像发掘了很多潜能，学会了很多新技能，这也算一种成长吧！

我们的食堂也很有特色，坚持用土锅灶烧柴火饭，烧出的菜非常美味，在办公楼都能嗅到香气。很多个中午我会在食堂帮阿姨们一起打饭菜，看着工友们吃得开心，总会有一种满足感。

厂里的每一个人，我都有接触过，广播里的每首歌，我都精挑细选过，我熟悉这里的一切。但在2018年9月，因为自身的原因，我远嫁去了江苏，也离开了带给我很多回忆的人人集团。我们互相祝福，皆愿彼此越来越好。

再次回归

2022年7月是我人生中最难熬的一个月，家庭的变故让我重回到了泗安，但也是这一时刻，"人人"给了我不一样的温暖。

我以为离开的4年，"人人"根本不会记得我这么一个微不足道的存在，但令我没想到的是，在我出事的那天晚上，"人人"的领导闻讯后第一时间赶到了我的家中，用他们的身躯挡在了我的面前，张开双臂将我护在身后，那一刻，我感动到不能自已。

我想要调整好自己后，再次回到"人人"大家庭中，但心中不免有些忐忑。现在的我，不知是否还有能力去胜任任何一个职位。但令我没想到的是，"人人"的领导找到了我，给了我这份肯定。我带着感恩的心再次入职"人人"，到了采购部。这一次，算是双向奔赴吧！

缘分是如此妙不可言，从最开始遇见"人人"，到马上要见证他40年的风采，我很激动也很庆幸，还好，这次我没有错过！

感谢生活赐予我一场惊慌失措，让我在"人人"看到了一缕阳光；感谢"人人"对我的帮助、关爱和肯定，让我找到了自己的价值与归属。往后的日子，我想发着一点小光，为"百年人人"添上一点小亮，就像萤火虫那样，若非天上去，定做月边星。

蔡宏霞

2023 年 7 月 2 日

持续发展

奋斗革新篇

历史的碎片

1983 年的冬季，我们在杭大对面道古桥边的漂亮厂房被无偿拆迁后，到了打铁关外的东新路上石桥公社一个生产队仓库带晒场办起了杭州汽车电器厂。

老杭州人都把打铁关外当作郊区（城外）了，我们搬到此处，正逢国家改革开放初期，现在回忆一系列人和事，颇有感慨。

那时候，这条南起打铁关、北至杭钢的东新路是半山区的重点路段，几个省、市重工业大厂都排在这十几公里的路两边。这些厂不属半山区管辖，半山区正处于农业向工业的转型期，乡镇企业方兴未艾。南面打铁关村的"杭州皮革机械厂"，几个叶姓农民把这个厂办得红红火火，是半山区的一面旗帜；再向北就是"友谊冰箱厂"等制造电冰箱的厂子，这是当时的热门行业。后来的新华社记者调查，浙江尤其是杭州的电冰箱厂多时达几十家，大都是采购压缩机、箱壳等零件，工厂组装生产，质量问题很多。我们的领导也提出，如果我厂也搞冰箱，可一下子扩大场地，扩大规模（银行也会积极地提供贷款）。可是，我们一时间还适应不了当时刚搬到这个乡镇的氛围，没有跟风。

再向北，有个安徽人办了个造纸厂，实际不是个制造厂，而是个纸张的中转库或叫二级市场，他把规模做大了，结果他也成了半山的一个明星厂长，大会小会也都表彰他。

半山还有个杭州工艺鞋厂，当时红得发紫。这个只有几十个人的小厂，基本上是手工作业的制鞋（一种新型的鞋子，叫工艺鞋）。他们敢为天下先，出钱在市中心的红太阳广场做了十几幅广告宣传这个工艺鞋，名气搞得很大，政府组织我们去参观、学习。我前后被组织去过两次，鞋厂的场地不大，租了三层厂房，但几乎没有什么先进设备。一个开会的食堂也坐不下几十个人，就是生产一双双轻便、上面有绣花图案的女鞋，称为"工艺鞋"。领导说：这个厂长发展生产头脑聪敏，能创造出新产品。这个年轻厂长被电视台拍了专题短片，说是从田畈里飞出的金凤凰，要走出全国，走向世界，我们看后大受震动。听着厂长的介绍，也是心潮澎湃，很是敬仰。

我记得半山区经常有区政府或乡镇企业局，经济局或乡里，或街道开会，一般都是上午开半天会，中午都在机关食堂吃饭。每次开会，领导表扬号召的就是这些厂、这些人。他们是半山区耳熟能详的"明星"，得到许多的荣誉和尊重。那时候开会不讲哪个厂交税多少（当时没有这个概念），政府重视思想开放，敢想敢干，要大家参观、学习。这也是改革开放初期的正常过程，这些弄潮儿推动了社会的发展。

这是我到半山区的几年中印象最深的事。慢慢地，冰箱行业开始整顿，一年内半山区所有的冰箱厂没有了，再后来那个纸张市场也没有声音了，再后来那个工艺鞋厂关闭了，坚持时间最长的是"杭州皮革机械厂"，在附近大厂技术人员的帮助下，撑了几年，也挣了些钱，过了几年也不见了。虽然如此，但是，他们是改革开放初期冲在一线的勇士，有了他们勇敢的前赴，才有我们比较稳健的后继。所以，他们仍应被历史记录。

此时，我们厂一直在做汽车电器的产品，乘着市场的开放东风，争取到了给主机厂配套的资格，工厂的生存也从汽配市场转向了汽车厂，慢慢地在市场站住了脚跟，每年稳步发展。不久，领导要我们去兼并当时名气也不小的杭州无线电器材厂，这是一家买零件组装生产的手提喇叭厂，人称"小钵头甜酒酿"的手提喇叭厂子。我们去他厂子参观，发现除了产品样品外，一些检测的示波器等也被摆出来，展示先进性。这个厂长，在区里开大会时介绍说，厂子招人进来欢迎，出去欢送，厂长讲话很有凝聚力。他们手提喇叭产品在北京西单市场租了个柜台在卖，一次我们和半山区长一起去北京。他热情地邀我们去这个市场参观，他对区长讲"这个市场里的任何东西，您看欢喜的，我立马可以去拿来给您"，俨然是这个市场的老板一样。我们听了有些惊诧。区长先不响，事后讲他"讲话太夸张"。这个厂，不久资不抵债，外面的应收款有上百万元，都是业务员自己分管的地区，产品拿去各地市场卖，究竟收回多少款子也弄不清楚。厂里工资几个月发不出，工人闹意见，局领导让我们去兼并，我们财务人员进去了解账目情况，厂的会计连正规财务账册都拿不全，只知道欠银行贷款数和欠工人工资数，其他收入是零。我们了解几天，在局里第二天要开大会宣布由我厂兼并的前一晚，我们决定不去蹚这浑水了，告诉局领导，不接受这兼并厂的工作。但我们同意把一个只有20多人的亏损服装厂兼并进来。后来区里还有一个影响较大的杭州通达电缆厂（在北软有近百亩地，是个福利企业），也是资不抵债，这块土地在银行重复贷款，有上亿元之多。这个厂长带儿子来我公司谈了两次，要我们出资 1 亿元，买他的厂子（场地），然后这个厂的应收、应付款由我们承担。我初步了解，应收款是死账，应付款有一个多亿。尽管这块在城北软件园的百亩多的场地位置不错，但显然这个是不合算的买卖，我们也没有要。后来领导提出意见：把这个厂的职工（主要是残疾职工）收到我厂，以让这个厂子能轻装重新找出路。

不久，区里决定把区直属企业"杭州电视机二厂"在石祥路的总部一幢九层楼房连厂子转让掉，这个电视机二厂原先组装电视机出口到俄罗斯的业务做得很大，是个响当当的重点企业。后来才知道：许多出口的电视机，连款子都无法收回来。又是资不抵债，人走庙散。我们被叫去听介绍，我们对这厂唯一的那幢在石祥路上显得老旧的大楼还是感兴趣的，但是进一步了解后，发现这又是很深的一潭水，欠供应商的零部件款多，积压成品和从俄罗斯退回来的电视机，国内是无人要的，初步接触，出口受阻，国内无市场，主要组件影像管因欠债多，供应商提出要清账后用现金才能提货，我们感觉自己的能力和胆识挑不了这副担子，市场和风险不可控因素大，我们又打了退堂鼓。

以上过程，现在的认识是：没有缘分。无论何时，企业经不起大折腾，也可能是冥冥之中我们避开了致命的风险。

再后来，街道让我们把一个在运作、已连续几年亏损的，有 100 多人的"杭州计量仪表厂"兼并下来。当时领导讲：这是个任务，也答应给一定的优惠政策。可是，我们了解财务情况，发现亏损不止 320 万元，有 1 倍以上，但我们还是兼并了此厂。我们把这个东新路（现在为 588 号）的厂子全部厂房推倒重建，还在旁边又征了 4 亩多农地，又买入了隔壁一个区级相关的一幢 4 层办公楼和土地（近 2 亩），把东新路 39 号（乙）的杭州汽车电器厂搬到了这里，杭州人人集团也在此诞生、发展。

有老领导说：整条东新路从南到北，所有乡镇企业几乎都没有了，一些大厂也解体或搬迁，唯有人人集团顽强地留下来了。

回忆这些，是目睹了社会上形形色色的敢闯敢干，却是昙花一现的人物。谢谢这些人和事给我们带来了警示：凡事谨慎，量力而行，可以没有本领干大事，却不能失察于小事。

郭长财

2023 年 7 月 10 日

人人大厦基建二三事

人人集团公司发展到今年已经 40 周年了。我从 2004 年离开外贸公司加入人人集团公司，也快 20 年了。在这 20 年中，感觉近 5 年公司变化最大。

40 年来，从一个筚路蓝缕的集体小厂到羽翼渐丰、始终坚持汽车零部件品牌企业，着实不易。

从 1998 年改制成立集团公司后，在扩大规模上一直没有太大的动作，随着外部环境的变化，硬件条件制约发展的问题逐渐凸显出来。尤其是我们杭州东新路总部规划变更的问题，更逼得我们必须在开拓新的发展空间上有所行动。所以这几年我们也一直在寻找这方面的资源和机会。2017 年在湖州泗安成立了浙江人人集团，这是杭州之外的第一个基地。2018 年，当时的区领导告诉我们，在北部软件园有一块 25 亩的工业用地，原拿地的公司因资金问题一直没动工，考虑到我公司是区里老的重点企业了，所以我们感兴趣的话，可以去接手这个项目。

我们实地考察后，觉得这块地所在的园区配套设施比较成熟，交通也方便，虽然成本高了一点，但很符合我们建造公司新总部的需求。同时在园区建办公楼部分对外招租，也是我们突破主业的一个多元化经营的方向，这个项目是可以考虑的。

我全程参与了这个项目的转让谈判过程。虽然双方对于转让条件还是有不小的差距，但在区政府的协调下，经过几轮谈判，最终于 2018 年 7 月底签订了转让协议，到 12 月份全部的过户手续办理完毕。按区政府的要求，我公司接手后马上就要安排开工建设。我们公司是一个纯制造业的企业，公司没有基建人员，也没接触过这行，一下子要开工建造这样一个 3 幢大楼、2 层地下室、总建筑面积 6 万多平方米的基建项目，的确是有点束手无策。

2019 年 6 月 23 日人人大厦奠基——在北软这片土地上开启"人人"多元发展新时代

股东会决定这个项目由我负责具体落实实施。我自己没干过这行，公司里也没有做过这行的员工，所以接到这个任务时感觉就是赶鸭子上架，行不行都得干。虽然没经验、没把握，但凭着管了公司多年采购的经历，我还是觉得只要多学习、多动脑，这个任务还是能完成的；不但要完成，还要尽量争取压缩成本，把这个项目做得漂亮。在这种心态下，找了公司销售部的一名之前负责一片业务的小青年程统波搭了个班子就开干了，现在回想起来还真是有点无知者无畏的劲头。

这个班子搭起来时只有我们两人，我在公司的工作不变，这个项目我主要是起到负责拍板的作用，具体现场都是程统波在跑。考虑到程统波也没干过这个工作，所以还是要招聘几位专业人才加入进来。开始预想是招一两名建筑业的熟练人才，1名内勤人员，组成一个四五人的甲方班子来负责这个项目，而实际上考虑到成本的问题，最终只招了1名二级建造师，组成了2.5个人的甲方班子（我最多算半个）一直干到项目结束。跟总包的项目组比起来，我们是最袖珍的甲方团队了。

此项目从总包招标开始，因为考虑到要控制成本，所以没有选择EPC工程总承包的模式，而是选择了工程主体（结构及安装）由总包负责；其他监理、强电、弱电、幕墙、室外工程、空调、电梯等分项均由我们甲方单独招标的模式。这样的安排其实对于我们这样一个非专业的甲方队伍来讲，压力大，难度更大。现在回想起来，虽然困难不少，但这些分项的招标工作我们都顺利完成了。不敢说一定做到了成本最低，但有绝对的把握没被这些分包商给忽悠了。总成本肯定比EPC总承包的模式低了不少，为公司节约了不少建设资金。同样不可否认的是，由于我们甲方团队相对不够专业，在各分项发包的时间衔接上做得不够好，影响了整个工程的进度，也带来了一些意料之外的麻烦。

2022年12月人人大厦3幢现代化大楼拔地而起

　　在招标的过程中，我们签了一家咨询公司来帮我们做代理招标的工作（包括制作标书、清标、评标等工作）。但在实际操作过程中，特别在总包招标及幕墙招标中，咨询公司是按图纸及专业的计算软件帮助我们核定的内部控制价。在清标过程中，我发现其实与投标方的投标价还是有不小差距的，这主要是因为建筑行业整体竞争激烈，投标单位为了中标，实际投标价会比软件计算的核定价下浮较大的比例，所以实际上在清标过程中咨询公司的控制价基本上只起到了参考作用。所有项目的开标、清标及谈判工作，基本上是以我方为主开展的，最敏感的价格谈判及中标方的选定，我们选择了最简洁的方式。像我们公司这样的民营企业决策环节比较直接，环节较少，虽然不一定是最科学的，但肯定是快捷有效的，同时避免了招标环节的一些外部因素干扰。

在工程施工过程中，有两家主要项目施工单位的干扰，给我们造成了很大的困扰，招标时为了中标压低报价，中标后找各种机会与甲方闹，再想办法把价格涨回来。

我们的幕墙中标方在行业内规模不小。当初投标时为了中标承诺完全满足我们标书的要求，实行工程包干价，固定原材料价格，不随市场变化而调价。而实际进场施工后，只要材料一涨价，他们就开始闹事，要不就停工待料，说材料涨价了，没法订货，啥时候材料价格跌了再恢复施工。要不就跟我们闹，要求调价，总之这时候合同对他们来讲就是一张废纸，有利了就拿过来用一下，不利了就当作没这回事。工程一会儿停一会儿做，约定的工期远远超期，给工程参与施工的各方都造成了不小的损失。

总包方是省内行业的龙头企业，这个在工程前期打桩及地下室施工时由于管理不力，到结构结顶时已经超出了合同约定的工期，剩下还有大量的工作只能超工期了，按合同约定超工期一定时间后会产生一笔违约金，为了迫使我们取消这笔违约金以及超合同比例提前付款，总包方使出了各种招数。

这些手段，让我们作为甲方也见识了建筑行业内的一些乱象和陋习。正常投标得不到的利益就通过在施工过程中耍赖、闹事、停工等手段来强行索取，不满足他们的无理要求，就在工期、验收等环节上卡脖子，跟甲方耗时间，拼消耗，实际上双方皆有损失。这些问题的确给我们造成了很大的困扰和麻烦，在这个过程中，为了施工能继续开展下去，我们也是跟这两家施工单位斗智斗勇，有斗争也有适当的变通。最后好不容易在预定工期被拖延了500多天后才把大部分工程完工。在最后的竣工验收环节，总包抱着不达到目的就不配合的心态继续跟我们耗时间，我们也想了多种办法来解决这个矛盾，一条路不通再想第二条路，俗话说一把钥匙开一把锁，最后终于找到了正确的处理渠道，一击成功，使得总包不得不放弃不合理的诉求、主动配合我们的验收工作。这个过程虽然辛苦，处理过程峰回路转，但我们坚持原则，最终达到了我们大部分的目标，回想起来还真是不容易。

"人人大厦"的工程项目从开始谈判转让到现在基本完工，前后经历了差不多 5 年的时间，我参与了整个过程。这段时间几乎占据了我职业生涯的五分之一，磕磕碰碰这么多，最后能办成这件事，也算没白辛苦一场。许多事现在回想起来还是令人唏嘘不已，但"人生哪能多如意，万事只求半称心"。困难是前进过程中的磨刀石，心态放平才能得到正解。做企业也是同样道理，学会顺势而为，进退有常才能发展绵长。

郭少为

2023 年 7 月 9 日

一个新产品诞生记

车载 USB 产品是我公司近几年从无到有、并在销售总额中逐步占到 30% 以上的产品，其诞生历程颇为艰辛。在此期间，我有幸参与全过程，见证了产品从 0 到 1 的成长，体会到了团队一点一滴的努力，深知一路走来的不易。

在这个产品的开发上，我们属于后来者。2015 年，我们开始接触并战略定位这个产品时，竞争对手已经批量生产了，如美国德尔福当年就量产了 500 万套。2016 年 2 月，神龙公司发包 USB 产品，虽然我们百般努力地证明产品优势，但还是毫无意外地被淘汰了。开局便不被认可，我们团队十分受挫，垂头丧气，对此产品的未来发展感到丝丝凉意。但我们也知道深层次的原因，不在于我们产品不够"精"，而在于产品不够"响"。在没有产品量产经验、没有成熟生产线的情况下，直接去投标就是碰运气，汽车厂不肯做我们产品的"小白鼠"也是合乎情理的。很快，我们就重新调整心态，以更加高昂的斗志投入到产品的迭代与营

2015年10月5日日产启辰组合开关装配流水线一角

销。我们坚信，我们一定能于无路处踏出新路，于荆棘中开辟坦途。我们相信，是金子总会发光的，好产品不过暂时蒙尘，总有一天会被发掘采用。

接下来是连续几次的失败，我们没有气馁，相反我们越挫越勇，不断地复盘失败原因，并且积极总结经验并提出对应的提升措施。我们珍惜每一次的机会，哪怕是一丝的希望，我们都会投入超常规的努力。

功夫不负有心人，2016年9月，我们销售团队获得江西五十铃PSA05 USB项目报价资格。对于这个来之不易的机会，我们高度重视，先是拜访相关领导层人员，让他们感受到我们的诚意，并且展示技术让他们相信我们对产品有非常深入的研究及经验。接着，我们几次拜访对方的技术人员，向他们介绍了我们的产品技术方案，了解到他们的设计思路，我们提出了相关的建议，有了共同的语言和技术方向。经过6个月的不懈努力，我们终于取得突破，产品定点给我公司开发。这是人人集团拿到的首个车载USB产品，意义非凡。

经过一年多的开发，在2017年11月，产品终于开始量产。但由于一个零件AUX插座没有采购到位，导致汽车厂停线，生产面临着停滞。我心急如焚，在得知消息的下一秒就到处找替代品，拼凑好几十个产品后，晚上就搭乘最早到达的一班火车，在第二天上班前赶到汽车厂，产品到仓库后直接上汽车生产线，解了燃眉之急。然后我马上向汽车厂领导解释情况，我诚恳地进行了解释，并且再三道歉，并承诺明天批量到货。向汽车厂领导解释完后，我马不停蹄地去东莞另一个供应商处，于当日晚6点到达后立刻确认品质，提货后就去赶飞机，并且在次日凌晨到达杭州，保证了当日开始陆续出货，最终很好地满足了客户需求。这一路下来险象环生，经历过才会印象深刻。

五十铃的产品只是一个起步，因为它不带芯片，所以技术含量不高。

2017年9月，陆风汽车的USB开始发包，它是一个带芯片的快充USB。我们闻讯出击，每一个细节都不放过，势在必得。努力了几个月后，开标那天，由于我们价格高而失标。对比之前的自信，真是被迎头泼了一盆冷水。但是，我们没有放弃。挽回局面的时间已经所剩无几，马上开会制定挽回措施，想尽办法打听到竞争对手的报价表。发现对方芯片不是车规的，这是个严重的缺陷，且是个信誉问题。基于此发现，公司营销总监亲自去找陆风的采购总监，非常有技巧地反映了这个情况，最后我们公司争取到了产品的中标。整个事件可谓峰回路转，柳暗花明。

经此一战，我们士气高涨，又吹响了向广汽乘用车进军的号角。相较于五十铃、陆风，广汽才是国内知名企业，拿下大企业的订单才能证明我们产品的专业与优势。为此，销售团队密集出动，有时凌晨还在向客户宣传产品，展现我们相比竞争对手的优势，表达了满满的诚意。不仅是销售发力，我们的技术、质量同样也紧锣密鼓地打起了配合战。锲而不舍，金石可镂。这次没有意外发生，产品定点我们公司。有人说这是运气好，但我知道所谓的幸运，都是努力之后换来的必然，这是团队200多个日日夜夜默契合作、共同努力的结果。

2022年5月新型乘用车组合开关生产线

拿下大厂订单之后，我们又将目光转向了产业的新风向。随着新能源汽车在我国越来越火爆，新能源配件的需求也风生水起，这对我们来说不仅是难得的机遇，也是极大的挑战。因为他们的技术要求是最高、最先进的，拿到他们的订单，不光要我们的产品技术达到精尖水平，更是要领先同样强势的其他配件厂。首次入场，我们就确定了将最著名的理想汽车作为我们的目标，因为他们有世界巨头凯斯库（CASCO）配套，一旦成功，对我们来说也是有力的背书。但因为理想当时只有一款车型，因此这趟征途也是异常困难的，但我们决定迎难而上。销售部门制定了专门化的销售方案，首先对相关人员进行密集拜访，宣传我们的产品；技术团队则进行了有针对性的产品设计，先是对理想产品进行分析，再是对供应链供应商进行梳理，去拜访芯片原厂的销售直接负责人，确保芯片链供应。技术上结合各方数据完成了详细的技术方案，突出产品兼容"低成本"与"高匹配"两大特点，给客户留下了深刻的印象。

这次是"天上掉馅饼了",竞争对手CASCO缺芯,给理想汽车造成了威胁。我们终于迎来了机会,但条件也是相当苛刻的:需在4个月内达到量产的要求。我们毫不犹豫地一口承接下来。之后研发、试验、模具、生产线连续加班争取时间。因很多试验是委外的,试验单位又是客户指定的,但凡出一点问题都会影响进程并反馈客户,会造成不良影响,所以我们要一直紧绷着保持完美的生产质量,不能出任何的纰漏。因为时间紧,客户也天天监控着我们的生产进度,不能有一点滞后。分秒必争,精益求精,其中的艰辛不言而喻。

我们又一次成功了!在规定期限之前量产,顺利完成了理想车的配套零件供应。带来的回报是我们的销售额度与名声大幅提升,USB终于成为我公司的主力产品。之后,我们陆续给本田、柳汽、福特配套零件……

利剑千锤成器,精铁百炼成钢,好产品不惧挑战。而目前的成就也离不开团队合作,有凝聚力的团队是"人人"立于不败之地的源头,让我们致敬团队的每一个人。他们是:

郭力为:争取这个产品的销售市场的第一人,是最大的贡献者,发挥自己的亲和力,经常跟客户交流至凌晨。用汽车厂的说法,认了很多"哥""姐",锲而不舍,永不放弃。

邱光泉:直接参与五十铃、陆风、理想汽车等汽车厂谈判的谈判代表。

蒋照炼:技术领头人,在与客户的交流中赢得对方的信任。

让我们记住以上的每一个人,是他们的辛勤耕耘使我们的公司更美好。我相信有这样的团队,未来我们将会推出更多产品,创造更多奇迹,合力打拼出"人人"更为绚丽的明天!

钱国钧

2023年7月2日

我和"人人"一路同行

——写在"人人"事业成立40周年
（1983-12-16—2023-12-16）之际

时光如朝露恍然而逝，一路上有人加入，有人离队。蓦然回首，我们已走出很远！

脚下的路从来就不是平坦的，艰难坎坷从不曾缺席。但我们应该自豪，因为前进路上纵然千沟万壑，也不能阻挡"人人"事业的领航者——郭长财厂长带领我们前进的步伐。我们向栽树成荫的厂长致敬，因为有他以及我们这一辈老杭汽电人的努力，才有了今天这坚实的发展成果。当下，我们面对不可知的未来，面对困难和机遇，有了更加清醒的认识。公司当前所处的外部环境竞争非常激烈，困难重重，但我们要有勇气和智慧迎难而上！因为有这群出色的"人人"兄弟姐妹一路同行，我们终将踏上坦途。回顾过去，我们辛勤耕耘；展望未来，我们向往掌声和成功！

2017年公司在湖州长兴成立浙江人人集团，为公司的第三次创业开启新的征程。同时引进了科技含量高的全自动 SMT 贴片生产线。公司发展快速，在硬件大投入的同时对管理工作、研发工作也加快了提升进程。对干部和员工的业务技能和职业能力提出了新的要求。"浙江人人"培养出一批具有创新思维的技术人员和勇于担当的优秀干部。他们肩负重任，每年能较好完成各项业务指标，给"人人苑"带来一股清新和激越的春风！

多年以来，公司坚持以人为本的发展理念。特别在员工的培养方面，一直鼓励员工把学习当成一种习惯，通过学习来提高自身水平。对于愿学、乐学的员工一直是支持鼓励，通过各种方式培养打造基层高技能人才。如杭州市钳工技能大师袁伟国，就是公司自己培养的高层次人才，在"人人"的创业道路上做出了贡献。

回想 30 年前，杭州汽车电器厂和日本美多乐电装成立合资公司，厂长夜以继日、不分昼夜地与外方洽谈合资事宜，当时厂长的心里只有一个信念：要学到世界上最先进的组合开关设计、生产技术。20 世纪 90 年代初，中国还没有公司能独立设计开发生产高端的汽车组合开关，合资成功，我们就是第一家。此举将引领中国组合开关的新时代。为了尽快将 CKD 转为国产化，公司派我和 6 个同事去日本工厂培训学习，那时中国的制造技术和管理水平是不高的。在日本美多乐公司的一个月，我虚心向日本员工请教。语言不通，就与日本美多乐车间的线长、员工用文字和手势交流，与他们打成一片。白天与日本工人一起在生产线上组装，晚上我们小组要开一个讨论会，大家把白天的心得都记录下来，有问题第二天向日本人请教，直至理解。他们也尽心地教我们组合开关的关键装配技巧。在培训期间，我们看到了先进合理的工装，与工段长再三强调要求将完整的工装图纸给我们，并及时与技术人员余梓杭沟通确认。

他们合理的装配工序策划，是值得我们大家学习的。在现场，我们学到了更先进的车间 5S 和质量管理体系。

日本的各项管理工作是很规范的。时间紧，为了学习掌握好装配技能，我们每天下班都会借 20 套拿到宿舍装配、练习，外借零件在日本工厂是非常困难的，为了达到目的，我们坚持不懈地与他们商量、保证，用实际行动感动了他们，同意了我们的行动计划。其间，检验员陈忠奎担子很重，每天要拆装开关无数次，勤学苦练，拆了装，装了拆，终于掌握了开关检验要点，为品质控制打下基础。为了不出问题，每天，我们把装配好的开关做好标识，包装好。第二天要先拿到日本小组长那里确认后，再交给日本的品质人员检验，再由线长清点数量，这样才算过关。整个过程，我们感受到了他们对产品质量工作的认真态度，也理解了当初没有答应我们线外装配练习的原因。

在日本培训只有短短的 30 天时间，可我们是带着全公司的希冀去学习的，压力很大。为了学点先进知识和技能，我们每周的周日不休息，在宿舍练习，他们被我们这种锲而不舍的精神所感动。在日本还遇到语言障碍，交流困难。我们去的人都不会日语，祝建华起到了很好的作用，他很勤奋，每天拿日语书与日本人交流，他们被我们的精神所感动，都很喜欢与祝建华交流，因为他像个"日本"人（私は日本人です）（こんにちは　你好）（ようこそ日本へ学習にいらっしゃいました）。每天向日本人请教，收获较多。为了多学习日本的先进管理技术，我们不怕被笑话，不懂就问，每天都要提很多问题。日本人对我们勤奋的学习态度也很认可，所以很负责地教导，他们每天要竖好几次大拇指呢！在培训期间，我们还看到，日本工厂现场管理都很先进，布局合理，很人性化，当时感触很深。特别是工装的合理性，很叫人佩服。这些实用简便的工装确保了每天的产品质量控制和生产数量。同时整个培训过程，我们及时与公司技术人员沟通提出一些看法，通过技术层级与日方交流，完善工装图纸，尽可能没有遗漏，日本人都很守信用，所有工装图纸与我们共享，可以说收获巨大，对公司今后组合开关的装配工艺技术发展打下基础。对于学习，我们是认真负责的，竭尽全力在短时间内掌握装配技能技术，掌握现场管理的先进方法。要知道当时日本现场质量管理是位于世界前列的。在日本我们也与日本朋友建立了友谊，也以勤奋和认真获得了尊重，让"人人"精神的光辉洒在异国他乡。

培训结束前，田中社长带我们到他家做客，到富士山、箱根公园游玩，深深感受到了日本人对我们一行还是比较关心、友善的。

这一次的出国培训，让我们大开眼界，要感谢厂长给我们这个出国培训的机会。锻炼了自己的同时也学到了日本的先进技术。

回国后，在合资公司——长美汽车电器有限公司的组装车间，我们全部采用日本一模一样的生产装配工艺技术。首先，编制了现场作业指导书，实行看板和无尘化管理，每天早上全体员工聚集开早会，大家高声问候"早上好"，布置当天的生产任务，大大提升了员工的凝聚力。在负责技术的余梓杭、负责质量的陈忠奎的带领下，不分昼夜解决问题，攻克一个又一个难题，为了一个共同的目标和信念，在30天内完成了五十铃组合开关国产化样品。所有性能和日本原装件一致，顺利为江铃轻卡国产化做出了贡献，得到了民政部和汽车厂的嘉奖。

这段合资公司的经历，在"人人"事业40年的岁月中起着承前启后的作用，为我们后来生产商用车、乘用车组合开关奠定了基础，那时的我们，就是那么的淳朴、忠诚。这些先进的管理模式延续至今，还在坚持，我相信"人人"事业距离成为一家"汽车电器行业顶尖公司"这个目标越来越近。

　　厂长从杭汽电到人人集团总经理，再到现在的董事长，这一干就是
40年。40年来，他把半生的时间和精力都奉献给了他所钟爱的"人人"
事业。追寻着他40年的足迹，我们有很多共鸣和感慨，除了感受岁月和
时间无情的流逝外，更多的是钦佩他在不同的人生阶段，不断追求自己
的人生梦想，在梦想的道路上不断奋勇拼搏的精神，是我们学习的楷模，
是值得追随的引路人。

　　公司有"人人兄弟姐妹一家亲"的亲情文化，我们大家同甘共苦，
个人与公司共同进步，我们要将企业文化融入到工作的一点一滴中，努
力提高公司凝聚力与向心力，能够心往一处想，劲往一处使，使自己成
为公司成长中的一部分。

　　我虽然已经退休了，但我还有一颗未老的心，还可以为"人人"事
业的发展发挥余热，公司还有很多这样的元老，都默默无闻地耕耘在各
自岗位上。我相信，这一批老杭汽电人将带领着一支年轻的团队重振旗鼓，
再次扬帆起航！

　　我和"人人"将再次一路同行！

郭晶美

2023 年 7 月 2 日

走过的路

"逝者如斯夫，不舍昼夜"，人人集团迎来了40周年华诞，这一年也是我踏入"人人苑"的第27年。

"好风凭借力，送我上青云"，"人人苑"犹如一所社会大学，知学善用、百炼成钢，而我也是竿头直上，感慨万千。

这些年里，"人人"从大集体改制成民营企业，从东新路59号搬迁至东新路588号；又发展壮大、二次创业，在2017年组建了浙江人人集团。

这些年里，我从一个农村走出来的愣头青成长到一名技术员，继续学习、进步，到今天又成为能独当一面的公司副总。

沧海桑田，物是人非。"人人"一如从前敢闯敢干、创新争先，而我却不再是少年。这些年里与"人人"同舟共济，见证了太多不平凡的岁月，再华丽的辞藻来修饰我们的奋斗史都略显苍白。在人人事业40周年这个喜庆的日子，我也只想分享浙江人人创立初期的基建等一系列的工作，以此纪念那段传承人人艰苦创业精神的岁月。

随着"人人"事业的蒸蒸日上，杭州总部车间场地的局限性日益凸显，

限制了进一步发展的空间。2017年总部领导得知长兴泗安镇有一家场地较大的闲置工厂后，随即与当地开发区负责人取得联系。2017年6月公司组织了各相关部门领导、车间班长、骨干等，现场考察了泗安工厂的土地规模、厂房综合价值、地势等建筑指标，也详细了解了附近交通，供水供电，职工子女教育、风土人情等客观条件；同年7月公司根据可行性研究报告，慎重考虑后确定购置该厂区，以此作为"人

2017年10月30日浙江人人基建——拉电缆

2017年10月浙江人人基建——工友们在基建现场吃快餐

人"另一研发、生产发展基地。公司计划分两批次，2017年底前金工车间、模具车间、注塑车间、冲压车间先搬迁到泗安投入生产；2018年年底前点烟器、电源插座装配车间也搬迁到泗安并投入生产。

由于泗安工厂倒闭荒废多年，围墙倒塌，基本设施也遭到了不同程度的破坏。想要泗安厂房正常投入生产，不仅需要排查隐蔽的设施质量隐患，还要大规模改造基本设施，其中任务之艰巨、工作之繁杂可想而知。

2017年12月7日浙江人人基建——第一台新注塑机到位

众人拾柴火焰高，在具有"人人"文化和精神的工友前，再大的困难都能迎刃而解。在2017年7月确立总计划目标后，公司就展开了行动。每天早上都有工友从杭州总部出发，到泗安厂房支援基建。在熟悉了陌生而复杂的场地后，先测量规划车间和绿化植被，再修复破损的管路、布置配电房直至满足通水通电的条件。涉及搬迁的部门还要布置车间场地设备、设计电路动力线路、气管、水管预埋具体规划、制定阶段性推进计划。公司董事长、总部领导上下一心，劲往一处使，打地铺、吃盒饭成了我们的日常，而基建工作也正如预想的那般如火如荼地展开。

一、车间卫生间、化粪池搭建

根据规划需求，也为了方便注塑、冲压、金工车间员工使用卫生间，

113

计划在车间东边搭建一个卫生间。在炎炎夏日，在没有空调的日子里，工友们不分车间、科室，也不管男女，都积极地参与了卫生间的建造工程。我们拿起了铁锹、锄头，打造了蹲坑便池，拌水泥、砌墙并粉刷，贴地砖，利用废旧角钢切割焊接搭建了顶棚，建起了几间说不上美观但功能齐全的男、女卫生间，我也从一个建筑门外汉成长为一名合格的泥瓦匠。

二、冲压、注塑、金工模具车间改造

根据设备布置规划设计，生产车间设备必配的电路、给排水、气管等管路必须预埋在地下，因此我们对水泥地面进行了开槽。此项工作中给排水、气管等管路合计 1000 m 左右，动力电线路约 500 m，预埋线路的工作量相当大。为了确保安全，我们根据以往经验，决定气管、水管采用镀锌钢管，接头要套丝接头。考虑到钢管的柔性差，管子直径 65 mm，且对连接有高压力防泄漏的要求，我们对套丝螺纹质量要求更高。要完成这些管路的预埋工作，至少需要 3 个月的工期。根据总计划，9 月 30 日前完成车间所有管线安装预埋场地浇筑，隔墙砌筑粉刷。11 月 30 日前完成车间地面油漆工程，而管路预埋安装就需要 3 个月的工期，想在年底完成搬迁并投入正常生产，这几乎是不可能完成的任务。

管线铺设工作绝不能拖计划的后腿！正所谓山重水复疑无路，柳暗花明又一村。经过多方了解、调研后，又经过相关人员的介绍，我们决定采用 PPR 管替代镀锌钢管。PPR 管采用加热烫接，塑性、柔性好，安装效率高，考察相关单位使用情况发现耐压没有问题。在 PPR 管厂家的指导下，我们稍加练习 PPR 管安装方法，就熟练地掌握了安装要领，进行分组安装。安装一路，PPR 管厂家帮助保压测漏一路，所有管路保压

2019年3月1日浙江人人工友们在自建新配电房

一周均无泄漏现象。大家不怕脏、不怕苦、不怕累，原定3个月的工期结果缩至1个月。

在安装PPR管的同时，电路预埋管也在同步推进，需在PPR管测试完成后进行填埋。我们用混凝土水泥浇筑地面，董事长、总经理也拉着翻斗车在人群中不停地忙碌着，与员工无差，满脸、满身泥水浆，衣服都湿透了。为了赶工期，大家连续几个月马不停蹄地赶工，终于如期完成了所有阶段性计划，提前至12月7日注塑车间3台新采购注塑机到位调试生产，12月9日金工车间慢走丝到位调试加工， 12月11日冲压车间2台新高精度压立机调试生产。12月18日杭州总部设备开始搬迁，第一台110吨压力机落地安装调试，一周内冲压、注塑、金工车间所有设备搬迁到位，搬迁期间水、电、气不分昼夜地安装调试。12月26日冲压、注塑、金工车间三个部门的设备正常开机运转并投入生产，圆满完成第一批次的任务。

三、设施隐患排雷

还记得 2018 年的春夏之交，有一天晚上暴雨骤降，暴露了整个厂区的排水隐患。地面排水不畅、排水管道基本瘫痪，注塑车间、冲压车间、仓库水漫金山，冲压车间十多米高的房顶积水尤其严重，屋顶至地沟的排水管压力倍增，排水管接头处爆破。水流像消防水带一样倾泻而出，屋顶也有雨水倾泻下来，积水在井道孔返涌成喷泉。车间的设备、仓库的物料都面临着严重的水淹危险。在这个危难关头，车间、仓库、科室

2019 年 5 月 24 日浙江人人注塑车间一瞥

等人员拿着拖把、扫把和水桶冲在了排涝第一线，终于化险为夷，没有造成物资损失。但此场暴也让我们知道隐患问题会导致严重后果，在暴雨之后便对仓库、冲压等好几路地下管道展开了大排查，结果发现排水管道根本就不通畅。注塑车间大门口西侧面大银杏树下的总排水管狭窄瓶颈，这才导致仓库、冲压、注塑车间的地下水滞胀，形成水涝。

发现一个问题就解决一个问题，排除隐患迫在眉睫，疏通仓库、冲压等地下管道时又出现了难题。倘若要大规模开挖地面重新铺设管道，就会破坏做好的油漆地面，还会对设备生产带来严重的影响。开挖树下狭窄的总排水管并换管也是不现实的，这会威胁直径一米多的百年银杏树的性命。我们废寝忘食，集思广益，在经过大家的讨论以及请教过专业人员建议后，我们决定把仓库、冲压车间中间的排水管用横管接至厂房两侧面，再在注塑车间南面狭窄瓶颈前处间隔 10 米左右埋两条直径600 mm 的溢流管。平时通过原管道正常排水，遇到大雨时溢流管会起作用，先排水到厂区池塘，再通过池塘溢流管道排出外围管道。实践是检验真理的唯一标准，经过多年的检验，我们的实践依然行之有效，既没有滞缓生产，也没有影响绿化，圆满地解决了问题。

一段段鲜活的记忆走马灯似的萦绕在脑海中，基建中的苦与乐、耕耘和收获早已化为笑谈说给后来者们听。一草一木皆风景，一事一物均含情。那些走过的路，看过的风景，都将成为人生中最宝贵的财富。

张　平

2023 年 7 月 2 日

人人大厦略闻

嗨！又要造房子了啊！在"人人"的 30 多年里，这当家人像一头老黄牛勤耕不辍，真的一刻也不会消停地搞基建造厂房。多一幢厂房就多一批就业岗位，就可能让为人父母的人养家糊口。当家人勤造厂房，这也不正是遥相呼应了公司大门悬挂着的"我们辛勤的耕耘是为了我们的希望"吗？

2018 年，公司在杭州北部软件园又拿下了地块，这是继浙江人人集团投入使用后的又一个大项目，意味着人人事业又步入了一个制高点——打造人人大厦，为"百年人人"开启新篇章。

结顶仪式

人人大家庭的家训：雷厉风行，闻风而动。

"人人大厦"拥有近 7 万平方米 3 幢写字楼的大建筑，这是公司运行 38 年来投资最大、规模最大的一个项目。历经 3 年，人人大厦要结顶了，大家奔走相告，喜笑颜开！

结顶仪式时间定格在 2021 年 6 月 26 日下午，杭州和泗安厂区骨干以上全部干部身着公司定制的红色 T 恤，兴高采烈地齐聚在施工现场。大门口铺展着红色地毯，楼顶则飞扬着五彩缤纷的旗帜和气球。开门见红真可谓讨了一个好彩头，现场布置了大型背景，上书"人人集团总部大楼结顶吉祥"12 个大气磅礴的汉字，场面恢宏而富有杭州风俗感。4 把扎着大红花的结顶铲在背景前伫候贵客，这可是 4 年前公司捐建径山寺藏经楼奠基典礼用过的啊！更显得今日结顶仪式的庄重和非凡。

下午 3 点半时，应邀而来的各级领导和各方朋友、施工人员等 1000 多人踏着红地毯，共同步入结顶仪式的现场。当几十位代表共同浇注完最后一块约 20 立方米的混凝土，彩球在城北这幢 16 楼顶上齐放。天公作美，飘来雨花，又开了风调雨顺的好意头！

2021 年 6 月 26 日人人大厦结顶集团公司全体干部合影

2021年6月26日人人大厦结顶浇筑仪式

2021年6月26日人人大厦结顶浇筑仪式现场

　　晚上，公司举行了大型的庆典宴会，邀请了支持公司发展的老领导、老朋友及施工方的领导和施工员。老领导、老朋友感动不已，在他们的眼里不负众望的人人集团是一家有社会责任感、有情有义的公司；施工方的领导也颇感讶异，这上亿元的大项目按惯例应由他们设宴答谢甲方，

2021 年 6 月 26 日人人大厦结顶仪式上展示的董事长的题词"新屋吉祥"

不承想今天非但没有让他们破费，还邀请了他们 30 多名施工人员，人人集团的做法真牛。于我们员工而言则不足为奇，这可是我们公司一贯的风格！如对待我们的供应商，在签订协议前双方就质量、价格和交期开诚布公畅所欲言。只要达成协议，就不会产生其他业务费用，根本不需要再花心思做其他的工作。记忆犹新的是那年，一家外协厂从余姚开车送来几十筐杨梅，被公司婉言拒绝，坚决地退了回去。看似冷酷无情，但这也正是告诉了我们的供应商，"人人"追求的是保质保量的产品，只要保证了产品质量，不会有额外的开销。双方的合作只有"健康"，方能长久。

也曾记得，公司总经理讲过的一件事：大厦在招投标时，有一家熟悉的投标方邀约了总经理，想在参与招投标时有优先的照顾，悄悄地给总经理留下了礼盒。总经理发现后拆开一看，竟是齐刷刷的 8 条中华烟。

他立即打电话，让对方派人取走，并明确告诉对方，人人的招投标秉持着公平公正的原则，各凭本事竞争。

廉洁方能聚人，律己方能服人，身正方能带人，无私方能感人，修得广厦千万间，廉政美誉留世间。正因为公司坚持操守，正气之歌在"人人"才得以代代相传。

种 树

金秋十月，桂花飘香，又是一个丰收的季节。人人大厦竣工进入绿化阶段。蓝天白云下，三栋"人人大厦"巍然耸立，恍若一个顶天立地的巨人。巨人的一侧是一家农贸市场，市场一楼参差不齐的小商铺给巨人带来一点不和谐的色调。"用法国冬青来做围栏，雅观"，公司领导一声令下，任务随之落在供应科。供应科长闻风而动，询价比价，当天落实了树的采购工作。2022年10月23日晨6点，何科长带上几个人，去现场挑选树木；杭州总部也抽调科室男女老少20余人，带上铁锹、锄头等工具7点半时到达北软工地，分组分段承包，要在当天将2800多棵树种下，还要包种包活。

分配完毕，大家扛着铁锹，拉着小车，分赴劳动现场。每组人员抢时间要在树苗运到之前将种树的沟槽开大挖深，再将好的培土运送到种树的位置。男同胞负责刨坑开沟，女同胞则负责运培土。男女搭配，或抬或拎，穿行在坑坑洼洼、满是旧砖石块的地面上，保持着高昂的劳动热情。

"树到了，各组派人快来拉！"号令一响，有的飞快地跑去拉树、有的加快速度挖坑。五棵一放，位置呈锯齿交错。"扶正点，别让它歪斜！""培土看着点，别擦伤树皮！""填土，踩实，浇水，再添点土。"……声音此起彼伏，每栽一棵都相互提醒，累极了席地稍事休息，喝口水缓口气再继续，不敢怠慢，唯恐掉队。

我们在下午3点半时就栽好了2000多棵树。一排排绿树挺立着，俨然一个个小哨兵。将护卫"巨人"的工作托付给"小哨兵们"后，我们带着满身的泥土和疲倦也打道回大本营啦！

做任何事情，成败的关键在于做事的态度，是直面困难解决问题，还是回避困难？"人人团队"经过长达40年的锻炼，敬业而勇于奉献，开朗而积极向上，总是选择直面困难，突破非专业领域创造新的奇迹。

围栏

2022年10月27日，公司临时决定在"人人大厦"搭建170多米的临时围栏。公司要求"浙江人人"抽调10名科室人员，并准备切割分段的旧角铁、旧架子，10月28日带到北软工地。10月29日上午由"浙江人人"张总带泗安回杭的工友与杭州工艺科楼科长带领的人搭建围墙。下午由工会武主席和生产部邹部长带队，当天要完成这170多米的围栏搭建工作。

任务下达后的第二天早上，张总、袁部长二人早早来到公司，带上切割机，先去堆放废旧铁件的库房查看，发5年前收购比奇公司时整理出来的废角铁、钢管、铁架子横七竖八交错在一起，大家即刻戴上手套，连拉带拽，或抬或扛，切割分段并装车，按时送到了北软工地。

10月29日，张总、楼科长带着男女20多人，7点半准时到达北软工地后，立即分工，抬铁条的，量尺寸的，切割断料的，焊接的，动作之娴熟，配合之默契，令人叹为观止。一条条角铁架席地而起，接着焊接框架，紧接着安上一块块的护栏，最后再固定螺丝。正当轮值下午劳动的工友赶往工地途中，被告知取消了劳动，原因竟然是一天的工作被张总和楼科长一干人等，用了上午半天时间就干完了。领导和同事们都震惊了，称赞我们的工友了不起！这就是"人人"速度！

劳动现场负责绿化的人和施工人员不理解怎么让员工来做这些粗活累活，外包不过花点钱，认为我们有点小气了。殊不知，我们人人有团队合作精神，一声令下齐心协力。

随着公司东新路厂区、泗安浙江人人厂区和如今人人大厦相继落成，这群身着标配蓝工装的英姿已经成了一道靓丽的风景线。值此"人人"40岁华诞之际，致敬辛苦的劳动者！

坚信，正是这"人人"企业的魂——"拼"的精神、"干"的精神、"爱"的温暖、"实"的作风，引领着我们乘风破浪前行！

沈国英

2023年7月2日

从开荒者到领跑者

——杭州人人集团培育"人人"品牌的故事

浙江省著名商标"人人"牌，1991年诞生于杭州汽车电器厂。如今，"人人"已从当初的行业开荒者、跟进者，一跃成为行业的领跑者。为合资品牌轿车、新能源车厂配套，是国家高新企业，获得汽车同行的一致认可。

街道的一个小福利厂，何以成长为一棵参天大树？这里有着一段鲜为人知的故事。

一、"人人"诞生记

40年前，公司因拆迁而搬到杭州近郊的打铁关一生产队晒谷场，从而办起了杭州汽车电器厂，二十几个工友，十几台老旧的冲床，几间简易的机修维护车间，生产装配依然以手工榔头、钳子为主，从事着简单的汽车开关生产。

穷则思变。汽车电器厂从办厂开始，厂长就有一个理念：要不断开发新产品，厂子才有出路。当时的工友不到40人，但是技术科开发新产品的就有5人之多，这在20世纪80年代确实是不可思议的。正是有了新产品的不断开发，厂子才有了生命力，汽车电器厂也在慢慢发展壮大中。

随着企业的知名度越来越高，有一个响亮的名字显得尤为重要。厂领导开始琢磨，要为这个"清爽神俊、风采奕奕"的生命新秀取一个响亮的名字。于是在1990年，厂里发起了征集企业商标的活动，全厂工友都参加，许多领导及社会人士也积极参与。公司收集到了众多商标方案，其中有双圈、西湖、杭电、人人等。最后确定启用"人人"作为厂子的商标。

说起"人人"的厂歌，就要追溯到1989年的春晚。著名歌唱家韦唯以一曲《爱的奉献》唱红了神州大地，至今许多人仍对它情有独钟。我想，可能是那一句句感人肺腑之词唤起了人们善良的本性吧。"只要人人都献出一点爱，世界将变成美好的人间。"厂领导决定，将《爱的奉献》这首歌作为人人集团的厂歌，在每次企业开表彰大会时人人都要齐声合唱，奉献无大小，爱心是根本。这首歌时刻影响着我们，它是伸向跌倒者的手，是开导忧郁者的歌，是安慰紧张者的笑，是送给夜行人的光……

作为一个老福利企业，人文关怀是第一位的。企业在不断发展的同时，也为更多的残疾人提供了就业和培训机会，"人人"商标高度体现了"我为人人，人人为我"的从善真谛。

二、"人人"转型记

"人人"事业的成功，是中国改革开放后民营企业发展的一个缩影，是伴随着中国汽车工业一起成长起来的。杭州汽车电器厂依靠一股韧劲，始终坚守在汽车电器行业，不断开发新产品，为重卡、轻卡、面包车等车型配套，积累了企业的第一桶金。

1991 年，厂领导抓住了契机，敢为天下先地成立了日本、中国台湾与我厂三方合资的长美汽车电器有限公司。这是一次成功的转型，公司成功开发了五十铃组合开关，填补了国内不能设计生产组合开关的空白，所有的生产线、检测台、模具等都是从日本、韩国引进的。集团从此开启了以组合开关为公司主导产品的进程。

1998 年，企业为了更好地发展进行了改制，成立了杭州人人集团有限公司，同时也搬迁到了东新路 588 号，有着 20 多亩地的新厂区。自此开始，"人人"事业迅猛发展。企业从单一的小开关生产转向组合开关、点火开关、点烟器等高附加值产品的生产。通过合作、学习技术、锻炼队伍，走出了一条学习引进—消化吸收—创新发展—再学习引进的循环发展之路，使"人人"事业步入良性的发展轨道，产销量也由最初几千个开关发展到几百万只，直至今年可以达到 1000 万只及以上。员工人数由最初的二十几人到 200 多人，到现在两个生产基地近 600 人的规模，成为国内汽车电子行业 10 强企业。

2015 年，"人人"商标成为浙江省著名商标。2017 年，人人集团通过了国家高新企业认定。从"人人"商标的诞生，到杭州人人集团的成立，从涉足汽车电器领域到成为业界的一棵参天大树，如此快的发展，离不开公司领导的决策和工友们的支持。

然而，在这一切闪光点的背后也遇到过很多的艰难。企业在创业初期遭遇市场准入、人才短缺、设备落后等各种问题，是公司领导带领每个员工忍辱负重、自强不息，从而顺利度过了多次风波，取得了一定的成功。从默默无闻到闻名遐迩这个过程中的酸甜苦辣，只有亲力亲为者方能体悟良深,我们的企业文化也一直在深深感染着每一个走进她的人。

三、"人人"发展记

人人集团是自力更生成长起来的一家高科技企业,公司在自身发展壮大的同时,也会主动承担企业的道义和社会责任,回馈社会。

2017年公司在湖州长兴成立了浙江人人集团公司,成功实现了转产升级,两地的产品也实现了不同的分工,资源共享,技术互补,各有侧重,在高端产品、高端市场上取得了突破,已经成为国内汽车电子电器生产行业里一颗璀璨的明星。

2019年6月组合开关环形半自动组装生产线

与此同时,公司也不忘初心为社会做贡献,每年都接纳近百名残疾人就业,为这些家庭解决了后顾之忧。特别有趣的是,"人人"是企业中少有的圆满解决家庭和家属就业的公司,有父母儿女都在公司的,有夫妻两人在公司的,有兄弟姐妹在公司的,还有一个大家庭都在公司的……经常能看到儿女做领导父母做普工的,妻子做领导丈夫做下属的。随着在北部软件园近 7 万平方米新人人大厦的顺利交付，公司将会再扩大员工队伍，会有更多的高、精、尖人才加入到"人人"这个大家庭中来。

多年来，公司为国家和地方创税达数亿元，捐助社会慈善爱心等光彩事业 2000 多万元，用实际行动服务地方经济建设，回馈社会，开展人文关怀。

如今，"人人苑"的兄弟姐妹们，即将迎着集团成立 40 周年的春风，载着"人人"前辈们的期待与梦想，大力进军新能源汽车行业，涉及高端电子产业，开创低碳生活，引领时尚消费，一路向着美好的未来阔步前进。

余梓杭

2023 年 7 月 2 日

"艰苦"的实践和认识

初夏的早晨,漫步在公司的人人大道上,感到一股淡淡的幽香在空气中荡漾。原来是整齐的广场砖大道旁,有许多开着白色花朵的高大树木,那一阵阵的幽香就是这棵广玉兰散发出来的。五、六月份是广玉兰盛开的季节。在绿油油的叶丛中,花朵是那样的洁净,高雅。我无法用文字准确地形容那花瓣的色彩,说它纯白吧,又似乎有一抹淡淡的青绿色渗透出来;我也无法用文字准确地形容那花瓣的质感,说它玉琢冰雕吧,它又显得那样柔韧而有弹性。总之只凭几个优美的词句是不能概括它的美的。

看到它的高贵与美丽,我的眼睛湿润了,心里暗暗地叹道:"值了……"脑海里马上回忆起当时种植这些树木的艰苦画面。这些场景值得让我们追忆。当时只有"人人"的带头人和老一辈的工友们有这种决心和毅力完成如此艰苦的植树任务。

那是 1996 年 4 月,当时杭州滚镀厂,由于工厂的污染问题,要立即撤销搬迁。我们公司跟这厂也有业务往来，他们在搬迁过程中留下6棵大的广玉兰树木不要了，同意送给我们，但必须马上挖走。当时我们"人人"新大楼建成后，也需要景观树木。在公司领导的布置下，要把这些树木挖到公司来种植，大家开心地接受了。

当时的科室人员分成两组，每天下班后，一组去挖种树的基坑，要求是1.5 m×1.2 m的树坑。另一组是去现场挖树，挖出后连土带根系全部用稻草绳、编织袋捆绑好，吊上车，运回。我们大家对这样难度较大的种植工作都是第一次接触，开始凭了一股热情、开心地去干了。

在人人大道边上的水泥路上要凿开一个1.5 m直径的洞，当时我们没有什么先进的挖掘工具和设备，靠的全是榔头和凿子。可以想象，那么个水泥马路，用最原始的工具，全凭手工，这么笨重地干着，是多么的艰辛。每天下班后，我们十几个人分成2—3人一组，坐在混凝土地上，一凿凿地把混凝土打出白印，打出小洞，挖出水泥块，一点点地扩大洞口，往往一个洞要挖上一个星期。不一会儿，有的工友因为拿铲子磨破了手掌的皮，手上起了又红又大的水泡。每天晚上3小时左右的劳动后，个个是腰酸背痛的。但大家彼此鼓励继续挖着。那天有一组终于挖通了这层混凝土路，一阵高兴"挖通了！"。然而，不一会儿发现下面不是土，而是坚硬的水泥面，大家都呆掉了，这是怎么回事？不久，第二个挖通的洞也遇到同样的情况，人们坐在这洞口，双脚伸在洞里，人一下子瘫掉了。后来问了当时这个厂里的老职工，他们回忆说，那年因为地势关系，这里原来的马路上又灌注了一层混凝土路。这可真是晴天霹雳！这辛苦挖出的洞，下面竟然不是土而是水泥路！这怎么办？我们陷入深深的无助和绝望。停顿了两天，我们束手无策，半途而废吗？树种在哪里？厂领导没有什么特别的号召，只是和大家商量，是不是不再挖下去了？显然，大家对这样的结果感到不甘心，然后，又开始了新一轮的挖混凝土工作。这一次，由于在已挖开洞口的下面凿起，工作面小了，难度更大了，我们又准备好凿地的凿子和榔头，手工一点点地凿开它，一榔头一榔头地，一凿凿地敲击着。哪怕每次水泥板只有掉下几厘米的碎渣，也是带给我们一点胜利的希望。挖坑人手上全磨出水泡和老茧。一次次，一天天这样一点点地干着。我几次看到，我们厂子的领导默默地带头也在洞里挖着。又经过近 10 天的艰辛劳动，我们终于把第二层水泥路挖通了，在那一刹，地下水冒了上来，终于挖到泥土了。我们看到一个工友手捧着挖出来的生土，我们惊喜了！我们激动了！我们许多人都禁不住热泪盈眶。我看到，我们的厂子当家人也禁不住泪流满面。什么叫辛苦？我感觉这才是辛苦。什么是"人人"精神？这就是"人人"精神。于是，又一次的叮咚声在每晚的"人人"大道旁响起来了。

那天下班和我们一起凿洞的还有几位厂领导，也只是说：再试试看，就坐在挖开的洞里又开始了凿洞，一锤一锤地，身体力行，也撼动了我们的心。此时的洞内工作面小了，难度更大了。在工作灯光的照亮处，我看到汗珠在不停流下。于是，一组组人又开始艰难地凿洞……

与此同时，另一批工友每天下班后，带上工具和滑轮吊具，稻草绳和编织袋等挖树的必备品，开上公司货车，去了杭州滚镀厂挖广玉兰树木。先在根部一米以外往下挖，挖的过程不能伤到主根系，树根本身的泥土也不能洒落，要完好保留并带回移植，这样容易活。这些挖树的常识也都是领导请内行人教导我们的，这不仅仅是个劳动的过程，更是个学习的过程。那天挖到最大的一棵树，整个根系带土，稻草绳包扎好后，根盘达两米大，这吊上车又是难度最大的。我们当时只有葫芦绳的钢丝吊，也就是最原始的手动拉吊。在这棵大树差一点点要上车时，由于重量超限，钢丝绳突然断了，树木又倒了下来。我们坐在地上，喝了水休息了一下，又重新开始。大家加固换粗钢丝绳，十几个人喊着口号，最终把树半吊半扛，硬生生地拉上车。整个过程全拼的是人力，没有自动化吊装设备，靠的是意志和力量，是硬的拼搏精神。

回忆这些，深深懂得什么是艰辛，"人人"的老一辈创业者的艰辛，我们的"人人"精神，就是这样一锤锤、一凿凿锤炼出来的。公司现在的美好是前辈创业者们洒汗水、抛热血换来的，我们都要牢记"人人"的创业史、发展史。

一个没有艰苦奋斗精神的人，是难以取得成功的；一个没有艰苦奋斗精神的企业是难以发展壮大的；一个没有艰苦奋斗的民族，是难以独立自信的；一个没有艰苦奋斗的国家是难以繁荣富强的。艰苦奋斗是实现理想的重要条件。

一个人可以不出名，但可以活得伟大。就在这纯朴的艰苦中，他有支点，而活得充实。终于懂得：为生活奋斗的就是这简单的支点——艰苦奋斗！忽然想起泰戈尔最有名的一句诗："天空不留下我的痕迹，但我已飞过！"许多事的得失成败，我们不可预料，也承担不起。我们只需努力去做，只求得一份付出之后的坦然和快乐，奉上我们的真心，然而感铭自己的博大。

今天，我写这篇文章，回忆起当时受到挫折时的情景，如文章开头所述，我的眼睛止不住流下了泪水。

林雪根

2023 年 7 月 2 日

133

追 求

"赶紧进仓了……"，销售部一个个电话催促。"车子限行，上海送货回来会很迟的。""要急发物流。""来不及要发航空了。"诸如此类催促发货的电话时有发生。

"方向盘开关外观和手感要求高，质量部再复检一遍吧！估计要加班加点才能满足这批发货，你们再等等吧！"我们也心急如焚地回复着，甚至会无奈地提高音量。为了保证高质量零缺陷，我们需要肉眼多次检查，手感多次按动，按键异响多次比较剔除，检验员不断检出不良，我们产线人员这才叫真正的心有余而力不足啊！

我们公司近年来方向盘开关的产量剧增，不仅新项目多，原有产品的变型也多，目前已衍生出上百个配置品，而且作为装在方向盘上的第一视觉开关，其商品性的要求特别高，例如：A 面（正视面）0.2 mm 的点不能出现 2 个，这种小点在检验光源 30 mm 视距或者折光面就看不清楚了；手按开关按钮，各种按钮按压行程手感轻重一致性要好，操作人员按压多次后判断力会下降；操作各按钮时除了接触的声音，不能出现摩擦声以及轻微撞击声，且噪声限制在 42 分贝以内……这些近乎苛刻的要求，却是我们每天判断合格与否的基准。

车间所生产的产品检验合格的已经都发出去了，但检验出来的不良品仍有。销售部经常又催得火急火燎的，负责现场管理的我因为货发不出来也急得焦头烂额。这边要妥善安排流水作业不能脱节停线，那边赶紧安排返修。说实话哪有什么好的心情。不良品的种类很多，各种接触不良、行程不良、外观不良，其中手感不良、卡滞等问题还是占大头。一批开关流水线上下来，发现比例较高，我们也是马上联系技术、质量部门。他们第一时间到现场分析处理，经过几轮的排查，找出原因。最终认为，滑柱有毛刺、尺寸小是造成手感不良的最大因素。技术主管断定这会影响行程手感，必须要挑选着用，若不合格只能返修了。一句返修，拆装工时是翻倍的，怎么办？只有先执行才能确保发货。

手感不良这个信息，我们公司工艺纪律检查人员也了解到了实际情况，将发现的问题都反映在公司大群，涉及的相关人员积极互动。第二天早上，到现场一起分析，不断地测量、返修，总结出滑柱是最大隐患，这个必须改。同时该问题也立马上报了公司的质量会，通知供应商改，质量外检开纠正单！

经过几轮的沟通，供应商也认为有问题，但因为零件模数太多，又小，一出八的量不好控制，毛刺收缩是必然的。各种理由，多次提出都没有实质性的改进，给我们的感觉就是在敷衍，以各种理由推脱，而且经常缺件，造成生产脱节。由于用量很大，一只开关至少需 19—22 只滑柱，采购也来不及排查，没有及时有效的办法。

一次次好的零件跟不上，一次次妥协，不断恶性循环，完工检凭手感也出现了漏出去的现象。主机厂反馈公司，这事情最终惊动了公司高层，连董事长也知道了，责令开会讨论。经过高管的会议讨论决定，供应商不珍惜业务，一再影响了我们的生产线，于是决定我们自己开模，再难也要突破。很快，我们就开始落实，由浙江人人谈师傅负责设计。好事多磨啊！终于在4月2日，我们收到了第一批次的试装，而且是一出16只穴。比供应商一出8只穴还要多一倍。（看到试装报告单时，我心里是犹豫的，这能好吗？）

为了能够尽快地了解实际情况，车间马上安排，总共试装了190套，有70只不合格（有点小失望）；5月6日第二次试装146套，有29只不合格（比上次好）；5月16日再次试装全部合格了，100%不脱落，手感提升（我们终于成功了）。公司开始量产并投入使用，完工检查故障（卡滞）几乎是零，车间生产也有序地展开了。

这个方向盘开关的质量问题一直困扰着我们，这次多亏了公司高层的果断决策，并由浙江人人的谈师傅用他积累的技术知识，设计出工效高一倍的新模具，金工、模具两个车间的老师傅通宵积极去金加工零件，精度达到极端的要求，模具一次性成功，完成了公司交给他们的任务。这个质量问题彻底被解决了，也打破了要依靠供应商的老思维，真的非常感谢！正所谓，功夫不负有心人。"人人"的工友们，正在用一种勇闯天涯，过关斩将的精神克服一个又一个难题，用激情和稚嫩书写属于"人人"的美好明天！

章丽红

2023年7月2日

十年感悟

时光荏苒，岁月如梭，转眼间已是进人人集团的第 10 个年头了。细数十年事，仿佛如隔日。感触最深的仍然是自力更生、顾客至上的企业文化和经营宗旨。

进公司数月后，我被调到了采购部配套科，这个全新的工作对我来说是挑战，我全力以赴地学习，不断提升和进步。在人人集团的 10 年，我感触较深的是公司组织的各种劳动。劳动的内容就是挖树、种树、搬砖、补地面等。作为新进科室的青年工友感觉劳动不应是我的本职工作，当时对此事的态度是抵触的，认为这种情况在外面的公司基本是看不到的。经历了一段时间后，我的思想才慢慢地成熟起来，对此事的态度也有所转变，这也可以是企业文化的一部分，也就没了反感。最让我难忘的，是去泗安浙江人人参加建设劳动，其中我有些许感悟。

2017 年，公司购进了长兴县泗安镇一家破产倒闭的公司，该公司已经停产五年了。但是这处有现成的厂房，可以成为我们公司后续的生产基地，这是再合适不过的了。当然还有部分地方需要改造（毕竟长时间的停产了，另外生产的产品也不属于同一类型）。为了公司在2017年年底能够搬进新的厂房正式开机生产，公司领导决定每天要有人在泗安厂区参加建设工作，实行的是三天一轮岗制度。后续的日子里，我作为配套科的青年工友，就经常性地参加泗安的基建劳动。劳动的主要内容是泗安车间地面浇筑混凝土、车间隔断的堆砌、配电房电缆线的铺设、金工车间外研磨房的架设搭建、车间冷风机的移机安装等。泗安厂房的改造工作最早是从2017年国庆期间开始的，后续在12月底我们的第一台注塑机正式开机，我们用了不到3个月的时间，创造了著名的"泗安速度"。

2017年10月21日浙江人人基建——工友们在车间铺设电缆线

在此期间让我印象最深的一次，是我们一行四人被派驻到泗安，给二车间安装铝合金隔断，按照期限这天应该回杭州进行换人，可下午大约两点钟开始下起了大雪，大雪瞬间覆盖了整个大地，让人有种豁然开朗的感觉。可我们转念一想，雪这样下的话，傍晚时分我们大概率是无法回杭州了。这时，我们几人都很犹豫是否要立刻启程回杭州。商量后，发现任务还没有完成，不能先走，于是我们决定在泗安再待一天。冬天的白昼就是短，片刻的工夫天已经黑了，我们也准备收工，第二天再继续。此时接到了杭州来的电话，有零件需要带到杭州去，第二天一定要用的。我们几人只能硬着头皮驱车上路。此时的厂区里面都已经有了一层厚厚的积雪，我们到了高速入口时，道路因天气原因已经封闭了。我们一行只得走省道，路上遇到三四起因积雪引起的车辆事故，我们一行人忧心忡忡，好在一路有惊无险，总算安全回到了杭州，此时已经是晚上九点钟了。

后面回想起来都有些后怕，但想起当时的情景，反而觉得这也是一段美好的回忆。2018年春节前夕，公司的年终表彰大会开始了，会上对参加泗安厂区建设改造的工友都进行了奖励，我也得到了属于自己的这份奖励，当时心里有种说不出的感觉，意外的惊喜总能让人记忆深刻。此时真正理解了凡事自己动手、自力更生的意义，不仅锻炼了自己，也有意想不到的收获，这必定是根植于创业之初的"人人精神"骨髓里面的。

2021年6月公司配套的广汽新车——影豹车型开始在宜昌工厂正式量产装车。6月中旬就要求我们公司交付方向盘开关产品了，前期的订单数量爬坡似的增长，我们的供应链还没有完全反应过来就要承受快速增长带来的巨大压力。屋漏偏逢连夜雨，我们的下游单位上海均胜因方向盘管柱出现批量质量问题，造成批量的方向盘开关报废，需要额外增加订单，我们只能全力确保。此时基本是第一天确定好后按照物料数量确保第二天全部生产完发货，每天要看好后续宜昌工厂的装车数量和时间，不能有一天脱节。车间方向盘开关班组在车间干部的带领下，工友们工作热情高涨，基本是每天晚上要做到九、十点钟，有些员工也自觉过来帮忙。此种状态一直延续到了 7 月下旬才有所缓和，我想这大概也是在全体工友脑海中的顾客至上的理念起了作用。

继往开来，十年来的感受记于此。创业之路漫长艰辛，自强不息的文化基因和顾客至上的经营宗旨指引着"人人"这艘大船平稳向前！

武　鹏

2023 年 7 月 2 日

银杏故事

有人认为采购工作很简单，只需拿钱买买东西就行；也有人说，这个职位是个肥差，请客吃饭拿回扣是常事。在从事这份工作之前，我的想法或许雷同，但自 2016 年 2 月，我被从车间调到采购部工作开始，我才渐渐地感觉到，采购工作并不像大家所想地那样，"人人"的采购更不会为一己之私去做有损公司利益的事情。

为了配合销售部拿到主机厂的产品项目，在价格上就需要有优势，但供应商的要价并不会遵循我们的意愿，这就需要采购出马，从中协商，争取拿到一个好价格。从采购部的一员到部门主管，我努力抓住每一次与供应商沟通的机会，尽全力去做好每一项采购工作，无论大小。千里之行，始于足下！在公司领导的带领下，我们持之以恒地坚持和努力，公司的采购业务很快步入正轨，并不断发展壮大！

在采购工作中，最让我印象深刻的就是采购银杏树这件事。

因发展需要，2019 年 6 月，公司在祥运路 313 号开始建设新大楼，经过 3 年的建造，2022 年 9 月，3 幢崭新的大楼高耸挺立在地块中央。为了更好地镇司旺运，也为了绿化美观，公司打算在大楼前种植一棵胸径 70 厘米大的银杏树，任务交给了采购部，我立马着手采购，并发动工友，在各自的老家或绿化市场上找寻，这么大的银杏树市场上并不多见，有找到的价格也很昂贵，在 20 万元左右。

就在我们两难之际，2022 年 10 月的一天，董事长经广德博亚戴总介绍认识了江苏恒亿园林赵总，他是专门做景观树生意的。于是，我与赵总进行了联系。他的园林里有一棵胸径 60 厘米的银杏树，据说已有百年历史，并开价 8 万元。这个价格与我们之前找寻的 20 万元比起来，确实便宜了不少。但因为没看到实物，并不知这棵树的状况如何。于是，赵总提供了树的照片和视频（包括树枝树叶形态），从照片中看到这棵树生长还是正常健康的。通过进一步的沟通，最终赵总同意以 6.8 万元，含税、含运费送到，但是要求我们支付 1 万元的定金，他怕我们会反悔。考虑再三，又是第一次合作，彼此间不甚了解，而我们也对这么爽快的生意有些疑惑。毕竟，人、物均没有见过面，而且又是与外省一个小县城单位签的合同……就在我们犹豫之时，赵总打来了电话，他通过多方面了解，言语中尽是对"人人"的信任。他说，几次接触中也感受到我们公司的诚意，同意不收这个定金也要和我们做生意。

10 月 30 日，赵总开始挖银杏树，并按我们的要求，提供好装车之前树叶形态的照片，并确保树身健康，树皮无损，土球完整，包装完整。10 月 31 日凌晨，银杏树安全运到。我和董事长开车赶到现场，吊机也准备就绪，在司机的配合下用稻草绳包好树身，绑好绳子，调整好与树根的距离。银杏树缓缓抬起后，再慢慢地放在地上。再次调整绳子长度与树根的距离，将银杏树竖起来。我们先将随树带来的两大袋泥土，倒到树坑底部和一圈，再缓缓地将树放到树坑里，摆正位置和方向。此时工程部的同事都已经准备好铁锹、锄头,将一圈的泥土往树坑一圈填进去，然后踩实。松开绳子，看银杏树的变化情况，在赵总的配合下，通过几次调整，树才摆正方向。后面过来增援的 4 名工友，将树用圆管支撑住，防止位置走动。经过半天时间，银杏树终于顺利种下并固定好。赵总也把他带来的大红花绑在树上，以示吉利。

看到这棵银杏树实物和照片上一致，整整一上午的劳动也有成效，还有赵总的亲力亲为，我们都很感动。董事长当即通知公司财务直接给赵总电汇了 6.8 万元全款（赵总手机上即时入账）。赵总激动地说：我第一次看到这么认真负责的公司，讲信用、肯吃苦、行动力也超强。他自己都被感染不由得也加入了劳动。诚以待人，用行动说话。我想，这就是我们采购该做的事。

通过种银杏树这件事，我更加感受到"人人"的精神与力量，也更加明确了自己作为一名采购员的职业与素养，往后会一直和"人人"并肩前行。

春天来了，无数片新的叶子在银杏的树干中长芽，勃发的生机也在诉说着"人人"的创业和发展，愿未来一切都好！

何晓钟

2023 年 7 月 2 日

简记人人大厦建造过程

2019 年 6 月中旬我有幸进入"人人苑",作为"人人大厦"基建团队的一分子,负责驻场监督大厦建造的全过程,深感责任重大,趁公司征集 40 周年征文之际,简单梳理一下大厦建造过程,一时之间思绪万千,犹如昨日。

人人大厦

曾记得 2019 年 7 月 26 日，开工仪式上公司高层领导对参建单位的千叮万嘱，嘱咐他们一定要坚持"百年大计，质量第一"的原则，建设好人人大厦。

曾记得一台台挖掘机像坦克翻山越岭一样铺平场地，一台台桩机精准定位，犹如蛟龙钻地，深入岩层，排淤清孔。每项工序都严格把关，犹如一根根定海神针为人人大厦扎根稳基。

曾记得基础开挖时，遇到难以处理的淤泥质土层，参建单位集思广益，请业内专家到现场查看土质，反复论证，构思了最新的解决方案，最终在公司高层领导的决策下把原设计的承台梁基础改为筏板基础，解决了工程难题，且缩短了工期。

曾记得公司高层和各部门领导冒着酷暑严寒亲临现场认真检查施工质量、施工进度，抽检工程材料质量，助力工程现场管理，为工程百年大计保驾护航。作为案场人的我心存感激的同时，也沉浸式地感受到我们公司管理监督有力度，感受到对工程质量一丝不苟的人人企业精神。

从 2019 年 7 月打桩到 2020 年 5 月春暖花开时，人人大厦犹如雨后春笋般破土而出，终于从地下室施工至 ±0.000 阶段。再经过 300 多个日夜奋战，人人大厦迎来了重大节点，即 2021 年 6 月 26 日 3 幢大楼主体结构顺利结顶。这一天工程现场热闹非凡，公司高层领导以及参建单位代表相继来贺，在欢快的音乐声中大家相聚在 3 号楼屋顶，进行了隆重的结顶仪式，高层领导和参建代表致辞庆祝大楼顺利结顶。此时我的内心非常激动，激动之余冷静思考着主体结顶之后，接下来会迎来更多的后续工作。一些配套工作将陆续展开，工程管理任务也繁重起来。协调好总分包之间的关系，也是对工程管理者的巨大考验。但作为从事 20

多年的工程管理者，我始终坚守职业操守，不忘开工之前公司领导对我的训诫："服从领导安排，坚守职业道德，抓好工程质量，配合推进各项工作。"凭着我从业数十载的工作经验，积极配合完成每项工作任务，从中献计献策。

在配电房强电设计施工招标时，我根据以往经验向公司建议把3号楼一层的开闭所取消改变为其他用途，在公司领导与电力施工单位的洽谈下取得市电力公司同意取消开闭所，为公司争取了利益最大化。在幕墙设计招标时，对每家投标单位的方案、设计的工程造价、工程立面效果等方面都进行了认真分析和考虑。因为我深知主体结构如人的骨架，

A幢（3#楼）实景照　　　　　B幢（2#楼）实景照

C幢（1#楼）实景照

外立面如人穿的衣服。人靠衣裳马靠鞍，优秀的建筑离不开华丽的外形。在公司领导的层层筛选下，最终确定了由浙江省幕墙设计院来担任人人大厦的外立面设计任务。在初步设计阶段，我和工程经理亲力亲为与设计师沟通外立面的选材及颜色，在不影响工程造价和建筑规划立面效果的基础上，选择了优质的材料和色调，依"样板先行"的原则，得到公司领导认可后再进入深化设计阶段。

在景观设计阶段，建议取消了地面非机动车雨棚的设计，使得场地通透宽敞，同时也为公司节约了造价成本。

往事历历在目，不管工程建造过程如何曲折艰辛，但是在公司领导及同人的支持下，终于在"人人"事业40周年庆时，迎来了3幢大楼顺

园区一角

利落成。如今3幢大楼错落有致，相互呼应，外立面线条流畅，时尚而简约，现代化建筑气息浓郁，在周围建筑中别具一格，犹如3位白衣使者扎根在新的"人人苑"内，庇佑人人百年不衰。

　　"人人"事业今年迎来 40 华诞，值此之际，感恩人人。感恩公司各部门对工程部的全力协助与配合，感恩公司每年元旦上径山寺为员工祈福。太多的感恩汇成一句祝福：祝"人人"事业如"人人苑"内的太湖石，坚如磐石，屹立不倒；祝"人人"事业前景辉煌。

许鉴军

2023 年 7 月 2 日

科技永不止步　"人人"一直前行

时光荏苒，岁月如梭，"人人"事业在风风雨雨中已经走过了 40 个年轮。对于充满勃勃生机、锐意进取、不断创新的"人人"事业而言，如今正是施展拳脚、大展宏图的好时候。

科技这个词，对于生活在这个时代的我们而言并不陌生，它时时刻刻伴随着我们。随着时间的流逝，科技就像雨后的春笋，冒头在我们这个时代里。人类利用科学技术获得那么多的发明和发现，使我们的生活发生了巨大的改变。但在 40 年前，人们出远门会很不方便，因为那时的交通工具很落后，就算是富裕的人家顶多也只能有一辆自行车，没有小轿车、网络、电脑、手机……

"人人"事业在建厂之初提出的目标是"长盛不衰"。短短四个字的演变，承载了一段"人人"事业 40 年来"科技永不止步，人人一直前行"的发展史。

20 世纪 80 年代初的工厂执行的是计划经济生产，生产的产品都是按分配的计划排产，仅靠一两家客户维持。工厂的产品也只有一个简单的刮水开关，是比较简单的。工厂刚成立，也没有开发新产品的能力。那时候领导敏锐地发现了问题，没有新产品就没有新希望。从建厂的次月开始，工厂便开始成立技术科、质量科，把技术放在首位。这在当时20世纪80年代的街道小企业中，是绝无仅有的。正是领导正确的决策，"人人"事业走向了快速发展的道路。我们从1984年开始，陆续开发了单档开关、双档开关、大灯开关、离合器开关、刹车灯开关等十几款新品，从而打开了汽车厂配套市场。从1987年开始，成功开发了100A大电流的电磁式电源总开关，为东风汽车正式配套，这在当时是很了不起的一件事。东风汽车是国内最大的汽车厂之一，门槛极高，而我们真正打动客户的是产品的高质量。次年，工厂为济南重汽开发成功了奥地利斯太尔电源总开关，电流达到了150A。由于当时的技术、材料有限，我们不得不攻克诸多难题，压价做到比进口件还低，因此还获得了民政部科技进步二等奖。从那时开始，"人人"事业步入了正轨，正式成为国内汽车电器行业的知名企业。

1992年，郭厂长意识到，国外的汽车都开始使用灯光和刮水集成的组合开关，而国内的工厂还没有设计和生产能力，这个组合开关是我们工厂发展的方向。于是，工厂成立项目小组，与北二汽、江铃等汽车厂交涉，洽谈开发事宜。同时开展与日本、中国台湾公司的合资谈判，结果三方一起成立了长美汽车电器有限公司，还派人员去日本学习、培训组合开关生产技术，这在20世纪90年代是非常了不起的做法。经过6个月的筹备，国内首台五十铃国产化组合开关在杭州汽车电器厂上线，成功配套江西五十铃N轻卡车。这个项目的开发成功，代表杭州汽车电器厂组合开关的设计、生产水平达到了国内一流，接近国际水平，为提升整个中国的组合开关水平打下了良好的基础。

2000 年，私家乘用车在国内兴起，我们苦于只给卡车、商用车配套，却没有轿车产品，这对我们的制约极大。郭总开始在 1998 年成立人人集团时，就有一个目标，必须要开发乘用车产品，把公司的生产重点向乘用车产品转变。第一个机会是神龙公司，为了获得神龙配套资格，郭总抓住了时机，锲而不舍地用了一年多的时间，得到杭州市政府各部门的支持，继而牵线促进了市政府与神龙公司的合作，在杭州引入富康轿车作为出租车，也因此得到了神龙公司电缆线、继电器、点烟器的配套资格。神龙公司是和法国合资的汽车厂，对质量要求很高，我们为了达到雪铁龙公司的标准，从而建立了自己的测试中心，配齐了汽车电器产品的实验设备，保证了质量。

第二个机会来自广州本田汽车。我记得 2002 年，公司在天目山开总结会，突然接到一个电话，广州本田汽车的采购员要求我们提供点烟器的技术方案和图纸。得到这个消息后，郭总呆了半晌，回过神后反问道：是真的吗？当知道确实是广州本田汽车有意向要我们的产品后，当即决定，成立开发项目小组，连夜返回公司开展工作，以最快的速度提交了设计方案和图纸，并得到了本田汽车中方和日方的高度肯定，获得了本田汽车配套资格。这是广州本田汽车第一家中资配套厂，我们的成功配套意义深远。

2004 年，我们又成功给南京菲亚特配套组合开关，这是"人人"事业第一次给轿车设计、生产组合开关。行业上有句名言：给卡车配套是小学生，给轿车配套是大学生。这足以说明，轿车产品的要求之高。郭总亲自挂帅，担任总指挥，此项目定为"一号工程"，全公司所有部门都要积极配合。此组合开关是带雨刮芯片的电子开关，南京菲亚特公司要求产品要到意大利都灵做全套实验验收，这是对我们最严酷的考验。首先，我们是第一次设计生产轿车组合开关，对应的产品标准有300多份，全部需要翻译、消化。其次，组合开关的手感问题率先摆在了技术人员面前，需要达到进口件的手感。我们首次运用了三维设计软件进行设计，采用当时最先进的加工机床进行模具加工，经过近一年的努力，组合开关完全开发研发成功，通过了意大利都灵试验，并成功配套于派力奥轿车。

2008年，我们认识到，派力奥轿车是一款A0级小车。此时，国内大批的自主品牌开始进入汽车市场，我们看中了广汽集团。当时的广汽集团刚刚成立，技术人员都是刚招聘来的新人，我们多次派技术人员给他们讲解组合开关的功能、作业，广汽的技术人员被我们的诚恳所感动，毅然决定将首款B级传祺轿车的组合开关和方向盘开关给我们来开发。我们配备了最强的团队来开发此产品，经过不断的改进和试验，最终产品满足了B级轿车所需的外观、手感和性能，达到了和进口车一样的水平。

此后，我们积累了较丰富的乘用车开发经验，开关的水平也逐渐达到了中级车标准，先后为东风日产、依维柯、北汽集团、宝沃汽车、理想汽车等成功开发了中高级乘用车组合开关产品。2019年，公司获得了为中国最豪华的电动车—高合品牌的配套资格。高合的电动车每辆售价高达80万元，对标的是保时捷、奔驰S级豪华汽车，对开关的手感要求到了极致。我们在此项目上，首次采用正向设计手感的方法，并一举成功，手感完全与奔驰S级产品一致，且获得了认可。此项目是集成角度传感器、时钟弹簧在一起的带总线的组合开关。大家清楚，总线技术是现代汽车必备的一项电子传输技术，于是我们便逐步成立了电子软硬件设计部门，自主完成软件设计，与汽车的CAN总线完美接口。

至此，"人人"事业从只能做最简单的拉档开关，到目前最先进的总线组合开关产品，并能为豪华品牌汽车配套，真正体现了人人集团作为中国汽车电子电器行业10强的实力，完成了"人人"事业40年科技不断进取的演变。

时光匆匆，春秋交替，抚今忆昔，我们不禁百感交集。在40周年到来之际，在新的人人大厦建起之时，从零开始，我们将继续创造辉煌。

在40周年这个新的起点上，眺望前方，道阻且长。百年"人人"科技的发展需要我们每一个人的参与，需要将我们曾经取得成功的优秀品质再次注入我们的灵魂，成为指引我们前行的精神力量。我将和我热爱的"人人"事业同呼吸、共命运，风雨同行，一起成长！我相信，战斗在"人人"事业的每一个人都一样，未来，我们依然一直前行！

余梓杭

2023年7月2日

宿舍连着你我他
——杭州人人集团家属宿舍装修纪实

公司里有两幢宿舍，一幢是集体宿舍，一幢是家属宿舍。我从集体宿舍转入家属宿舍，是公司分配给我们这些在杭州成家有了小孩的员工住的，也是公司对我们住宿条件的改善。我们在这里居住、生活，在这里工作、成长，将"人人苑"当作了自己的家！

我们时常会很自豪地对别人说："家属楼虽然很老，也旧了，但是很有烟火气，邻居间都很亲热、很温暖，这就是我们共同的家！"当年，我们离开老家，来到人人集团，从单身到结婚，到孩子出生，在"人人集团"组成了一个家，住进了20世纪90年代建造的套房宿舍，一家人在一起，已经是公司给我们最好的照顾了。但是老楼老建筑，装修也有20多年。改造装修家属宿舍，提升环境舒适度，成为我们共同的心愿。

最近，公司领导决定对家属楼进行重新改造装修。从征求意见到装修方案出台只用了2周时间，改造工程由我这个搞销售的建筑门外汉为总负责，公司的技术总监钱总做参谋指导。我深深感到担子太重，可一想到这是一项民生工程，也是一个自我挑战，我怀着忐忑的心上阵了。我们的装修将对整栋楼的给排水管道全部重新设计施工，内部厨房、卫生间、淋浴房等进行全面升级，设备更换，还有房间内部粉刷，楼道粉刷，地面装修。为了方便员工上下楼，公司还出资加装了电梯。

此次家属楼装修，按照公司的实力，完全可以花钱请装修队设计施工，但是在咨询过程中发现，装修行业水太深，时时会被忽悠，无法确保施工进度和材质、施工质量。与其花精力时时监督工程，或者与装修公司交涉，感觉不如秉承人人集团的一贯作风：能自己干就自己干！大家讨论决定后，马上行动！我们组织了所涉部门的领导开会讨论计划并分工实施。为了保证装修的质量和进度，主要的工作由我们员工自己动手参与，以确保进度和质量。每个部门每天抽人参加改造工程。这些工程我们从没有做过，对大家都是个大的挑战。首先遇到的难题就是，所有给排水管道的更换，原来的管道都已经腐烂不能用，要重新设计布线，在墙体开上百个孔。刚开始由于缺乏经验走了弯路，大家并不气馁，我们很多同事都有修水管接水管的经验，经过商量及时做了调整，使之顺利起来。

夏天，楼顶上，太阳下，各部门的助勤人员，热火朝天地开了工。工具虽然不是新的，但干得仍很起劲，背上一条早已看不出颜色的毛巾跟着我们摆动的节奏，累了就擦擦汗，接着干下去，工地上还不时传出我们的欢声笑语……一干就是几小时，衣服湿了干，干了又湿，结束一天的工作之时，衣服上已经泛出白花斑斑的汗渍。

"笃笃笃……"电锤、电钻声从楼上传来，震耳欲聋，一天下来，耳朵都有些听不清楚了，真不知道是怎么忍受过来的。所有的建筑材料都是我们自己搬上去的，走下楼从车里扛起两大袋水泥上来，扛上四楼，汗流浃背了！正当我以为他们会休息一会儿时，大家又从楼下扛了两大袋水泥上来，就这样重复了整整一个上午。

董事长问："那么多，你们几个人搬啊？"大家笑笑说："不管几人，我们保证完成任务！"听到大家这么说，又看到大家额头上冒出的一股又一股的汗，T恤也湿得能拧出水来后，我还是被一个个平凡的"人人"员工震撼了。没有人休息，搬完沉甸甸的顶楼防水毛毡后，又开始了刷墙壁、拆厨房。

装修灰尘很大，搞卫生也是很脏很累的活，刚进去还像个人，再出来，一个个俨然变成了"灰姑娘"。家里"烟雾弥漫"，知道的还好，不知道的，还以为是"孙悟空大闹天宫"的拍摄现场呢！

铝合金装修和电器安装现场让我大吃一惊，没想到一下子竟变得那么漂亮：铝合金已经一根一根装在位置上了，很是密合；电器盒安装牢固，很是清晰。我远远地望着他们，专注的眼神，干练的动作，工匠特有的精气神！我重新认识了这批一起共事的工友，朴实而有技术。

经过两个月的努力和拼搏，我们参与的每一个员工都充分发挥着自己的聪明才智，也付出了艰辛的劳动。但是这个过程真的很锻炼人，我们懂得了装修的橱柜、管道、洁具等的材质、标准，整个过程，真的长知识！

我们终于完成了工程！装修外包的淋浴房、粉刷、泥水等师傅们都对我司很佩服：作为一个制造企业能发动员工完成这么大的装修工程，还干得有模有样，干得开开心心；而公司愿意拿出这么多的钱装修员工的家属宿舍，很少见。我们此次装修费用超过了100万元。印象最深的是我们去采购油烟机，领导一再嘱咐我们要买品牌的，价格贵点不要紧，我们在对比几款高端品牌后，最终选择了"方太"，我们和代理商促销员交流中，她得知我们是公司员工住房用的，于是推荐给我们便宜点的，她说给员工用用足够了。但我们对比产品功能后选择了价格贵一倍的型号，她很感慨："现在企业赚钱很难，像我们这种企业在当今形势下，还为员工这样做，真的很少了！"

这个参与的过程，让我深深感悟：整个装修过程，不仅提高了员工的生活质量，也提升了团队凝聚力，更是锻炼了一支能战的队伍。宿舍连着你我他，我们用实际行动诠释了"自强不息，敢为天下先"的企业精神。

我们坚信，只要我们人人集团每个人都努力，我们定能战胜一切困难，完成百年"人人"事业。"人人苑"永远是一个快乐之家！

邱光泉

2023 年 7 月 2 日

美丽的土地

谈起工厂，大部分人的印象是：嘈杂的机器声、忙碌的工人身影、整齐的流水线……

但我所见到的"人人"却是不一样的景象。人人集团的厂区绿树成荫，里面有池塘、庭院、果树以及花草，最让人吃惊的是厂区内种的各式各样的瓜果蔬菜，后经了解才知道，这些角落之前都是野草荒地，是"人人"的工友们利用自己的休息时间开荒种上的。后来有幸听到过这样一句话：种菜就跟工作一样，都希望有一份好的收成，种下的是希望，也是梦想。收获成功的果实，吃着亲手种的菜，是何等的开心与喜悦啊。

在厂区里面，高低错落、疏密有致不同品种的树总是会带给我不一样的惊喜。

池塘边种着一棵大桑树，每年春夏之交，桑葚快成熟的时候，都会有工友在桑树下拉一张细网，用来收集成熟的果实。我们不仅可以现场品尝美味的桑葚，待它洗净、晾干后，还可以用来泡酒，做到了物尽其用，

2017年10月14日浙江人人基建——工友们移植红叶石楠

2017年11月14日浙江人人移植大香樟树

地尽其利。就像"人人"的工友们，在各自的岗位上兢兢业业，散发着自己的光与热，等待成熟结果的那天。

门卫室旁种着一棵枣树，这棵树的表面粗糙不堪，树皮上甚至还有一些伤疤，但却丝毫不影响它每年开着花结着果，而且结出的果子又大又甜，吃到嘴里清脆爽口。就像"人人"一样，不管经历多少风雨，都能屹立不倒，茁壮成长。

大道两旁，员工亲手种下的如今已长成参天大树的香樟，陪伴了"人人"一年又一年，它们将尘土揽在了怀中，将清新归还给每一个路过它的人；厕所旁的驱蚊树，努力开着一朵朵小白花，试图用气味来守护每一个工友；食堂前的柚子树，结出的柚子由青变黄，新鲜的气味每每让人驻足……

我是如此热爱这片土地，热爱这里的花草树木，它们默默陪伴着整个厂区，也陪伴了我，让我在工作之余呼吸着沁人心脾的清新空气，舒缓了眼睛，洗涤了心灵。

快看，那是一朵朵蒲公英啊，迎风摇曳的它们摇头晃脑，那漫天飞舞的小种子不就和我们一样，都是人人的一分子，都在努力奔跑，朝着理想的方向，踏着心的脚步，追逐向往的目标，散枝落叶，扎根新的土壤，开放新的花朵。祝福"人人"事业40周年快乐，越来越好。

邱金城

2023 年 7 月 2 日

成　长

　　时光如梭，成长如蜕。当金秋的熏风再次吹拂大地，当泗安厂区的桂花树再次把清香溢满车间的每一个角落，我和你，在这个收获的季节一起迎来了"人人"事业40华诞！

　　蓦然回首，郭力为总经理在六楼会议室面试我的情景仿佛就在昨天。自2014年10月进厂，我已在"人人苑"这个大家庭工作、生活了整整九个年头。不觉间九载春秋已如白驹过隙。

返工记

　　2015年，我们为南维柯开发的点火开关由于供应商触点质量问题导致使用时的偶发质量隐患。本着对市场负责、对客户负责的态度，经公司高层领导研究决定，主机厂同意，做一次4S店库存排查行动。分派各科室人员到全国各地，针对全国所有4S店的"宝迪"和"得意"车型进行免费检验和更换。我们共分为四组，我和另一名同事主要负责南京和西北地区。此时正值寒冬腊月，西北有些地方已非常寒冷，我们南方普通的冬装不足以御寒，而时间特别仓促，我们马上要出发。总部领导当即就带我们到公司附近的沃尔玛商场购买厚袜子、棉帽等御寒保暖的装备。那一刻我们的心里暖烘烘的，也充满了战胜困难的勇气。

我们的返工排查地点从南京开始，先排查南维柯线上、零件库、整车库所有的车辆，然后是南京地区各改装厂以及4S店。记得南京的一处比较偏僻的改装厂，却有将近百台的车子。我们首先找到负责人说明来意，负责人安排保管员把两大串钥匙交给我，领完钥匙，我们开始一辆一辆车登记底盘号，产品追溯号，检测，发现疑点换线束组件，工作难度大又耗费时间。为了早日把整车排查完毕，我们的背包里都必备一些水和面包，中午简单对付一下，连续排查。那天我们两个人快马加鞭，在改装厂下班前终于把所有的车辆排查完。当我们把钥匙交还给保管员的时候，保管员一清点说是少了一把钥匙。我们反复确认确实没有取下过钥匙，而且排查过程从来不会把钥匙从整串上取下来，就是为了防止弄混弄丢。保管员说什么也不肯让我们走。我说我可以给你留个联系方式，如果现在库房的车子，哪台车子真的发现没有钥匙，你们可以把点火锁寄给我，我可以给你们配出钥匙。但是保管员还是不放心，最后还是改装厂负责人说："你看这个公司的人工作这么认真负责，工作起来一刻都不休息，每一台车子都不放过，这么真诚，放心好了。"负责人又安排让我们乘改装厂的班车回市区。回去后，我们给保管员打电话追踪钥匙情况，原来是他自己放错了，钥匙已经找到了，我们这才心安。此类问题在排查中经常会出现，我们也不断总结经验，争取一次将事情做好。

整个行动，我们从南京一路西行，到郑州、洛阳、西安、咸阳、太原等地，又从西北返回，赶到山东，足迹遍布济南、济宁、潍坊、淄博、诸城等地。将近2个月的时间，我们终于返检好涉及的所有车辆。通过这次全国范围的排查行动，我深刻认识到，产品开发和质量管控的重要性，"质量是我们的生命线"，是沉甸甸的承诺。

基建小记

"忆往昔峥嵘岁月稠"，将时间拉回到2017年底，当时浙江人人刚成立，要求3个月时间做到从基建完成到开工生产，长兴竟称这是"泗安速度"，动员全公司人员全力以赴，完成目标！初期基建更为艰巨，那个时候我们的装配车间场地还是刚刚铺好的洁净厂房的地面。邢樟位师傅带着我在装配车间做隔断框架，当我们把一捆一捆的铝合金型材搬到二楼时，我还不清楚这些材料的用途。邢师傅根据图纸划线，我根据划线用切割机切割型材。刚开始使用切割机，切割刀片飞快旋转，火花四溅，我感觉胆战心惊且不得要领！我请教邢师傅，自己摸索，很快掌握了切割机的使用技巧，仅用一天的时间已经能够熟练切割型材和角铝。两天后我能够按照图纸自己划线、切割、铆接拼框。一周后，我就能够指导杭州每天轮换到泗安的工友进行框架搭接工作。装配车间的每一根型材都经过我的手切割、拼框、搭建。由于每个铝合金的框架尺寸各有不同，拼接形状各异，导致搭建的工作量比较大。我很纳闷为什么要这样做，便请教邢师傅为什么这样设计，而不统一设计图纸呢？邢师傅只是微微一笑，并未直接回答，说到时候就知道了。

就这样我们先把一个个房间框架拼接搭建起来。当叉车把装配一楼的原比奇的钢化玻璃整理拉上来的时候，我才恍然大悟。框架尺寸

2018年1月10日浙江人人 基建——装配车间搭建铝合金钢架

之所以设计的各不相同，原来是要把不同规格的玻璃加以利用啊！这就是我们"人人"企业文化的一部分——一分一厘都不能浪费。

铝型材框架下横梁使用膨胀螺钉固定在地板上。上横梁直接顶在天花板上。当一个个明亮的房间隔断搭建起来的时候，张总还对我开玩笑说，"小戴，以后你们家装修，窗户部分就可以自己做了。"当时看着这么多的房间都经过我的手搭建而起，自豪感油然而生，可是不曾想到巨大隐患还在后面呢！

记得当年泗安的雪下得特别大，装配的房顶是钢结构的，在厚厚的积雪的重压下，钢结构发生弹性变形，天花板整体往下移，玻璃框架贴合的一排天花板明显被顶起来了。为了消除这样的断面差，我们又将框架下面垫的木块取出，这样框架下落一点，断面差消除，整体就比较美观了。记忆犹新的是一个星期六的上午，我在家休息。一阵急促的手机铃声响起，完颜总电话通知我赶紧到公司来，说玻璃框架倒了。我的脑袋"嗡"地一下蒙掉了，情况怎么样，有没有伤到人？我立即赶到公司，有一个工友被轻微砸伤。当我看着洒满一地的玻璃碎片，看着自己辛辛苦苦几个月搭起来的房间框架倒了一排，心如刀绞。庆幸的是，房间内施工的人没有事！为了防止其他框架再出同样的问题，我赶紧和楼师傅、邢师傅想对策，立即采用厚实的型材抓紧时间加固其他的玻璃框架，同时把倒塌的部分重新搭建加固。通过这次倒塌事件，我深深地感受到，设计工作的输入输出要素和失效模式分析导入设计评审的重要性，此次问题就是因为我们没有全面考虑到失效模式，特别涉及安全的部分。我们的产品设计也是同理，设计前期设计者就要考虑所有失效模式机理，做好 DFMEA，务必要把隐患消除在未然。

在和公司一起成长的过程中，我体会到了生活的乐趣，以及工作带给我的成就感！公司让我们这些互不相干的人走到一起来，为了"百年人人"事业共同努力。工作是生活的一部分，用好的心态去对待工作的每一件事，学会快乐地去完成它。这样我们就可以享受工作带来的乐趣，并且可以在整个工作过程中感受到自己成长的喜悦。无论我们身处何种岗位，无论我们职位高低，我们都应该尊重自己的工作，肯定自己的工作；工作能够丰富我们的经验，增长我们的智慧；在工作中获得技能与经验，是我最大的收获，也成就了我的人生价值！感谢公司给了我发展的平台，感谢领导给我的支持和关心，感谢和我同甘苦、共患难的兄弟姐妹们。这些年我也深深感悟到一个道理：员工与企业就是一个共同体，企业发展维系员工的个人职业提升，也影响生活质量，为企业发展出力是每个员工职业道德之首。

当前，由于受宏观经济的影响，各行各业都处在一个特别的困难时期，特别是汽车行业，技术迭代迷茫，价格竞争激烈，这既是"人人"面临的严峻挑战，也是机遇。如何迎难而上，转危为机，这是我们每个人都需要面对和深思的问题。于我而言，那就是以"人人"为家，尽职尽责，研发工作创新开拓，技术落地尽善尽美。尽心尽力以求问心无愧，为"人人"的发展贡献自己的绵薄之力。我深信"人人"必将迎来又一个飞跃发展的春天！

戴维民

2023 年 7 月 2 日

共襄盛举，再创辉煌

风从水上走过，留下了粼粼波纹；阳光从云中穿过，留下了丝丝温暖；岁月从林中走过，留下了圈圈年轮；我在人人，也留下了属于我的印记。

时光匆匆，我们即将迎来"人人"事业40华诞。40年的风雨征程，人人集团有着团结务实的领导班子，勤劳肯干的员工，他们用不屈的性格和坚忍的毅力，印证了自强不息、敢为天下先的"人人"精神。

2017年，"人人"事业于泗安开枝散叶，我作为第二批新晋员工入司，在和公司一起成长的过程中，我体会到了生活的乐趣和工作带来的成就感。

2019年3月，公司发展更上一层楼，斥百万巨资的第一条SMT线架设完毕正式投入生产，SMT对于我们而言是一个全新的征程，投产后将实现电子元器件的贴装，检测全过程自动化生产，助推电子信息产业持续提升发展。

SMT生产线是由混合集成电路发展而来，以元器件表面贴装和回流焊接为特点，是电子行业制造中新一代组装技术。为确保这条 SMT 生产线快速投产达效，我们从厂房设计之初就开始全面考虑；为满足静电要求，铺设了防静电铜箔，自流平防静电地面，墙面和房顶均采用了高品质的防火蜂窝板，设立了防静电道闸以及风淋室、货淋室；为了控制室内温湿度和环境要求，我们采用先进的新风系统和除湿机，之后又自己研发装了自动加湿器；生产上引进了处于行业先进水平的全自动锡膏印刷机、SPI、西门子贴片机、十温区氮气回流炉、矩子 AOI 等自动化生产设备，打造了一个快速反应、有弹性、精细化的制造环境。

　　SMT 车间运行后，大大提高了生产效率和产品品质，同时有效缩短了产品生产周期、降低了制造成本，实现了精细化管理。过程中我们也遇到了各种各样的问题，从设备进场、从零基础经验开始培训学习到实际生产，操作上一路磕磕绊绊。我们和一些业内的公司进行交流活动，学习了先进的质量管控经验、方法，优化后应用到自身工作中来。我们不会像企鹅那样静静地站在海边，翘首以盼机会的来临，而是如苍鹰一

2019 年 5 月 24 日浙江人人 SMT 全自动生产线

般不停地翻飞盘旋，执着地寻求。

今年因为发展所需，我们公司开始架设SMT 2线，这不仅仅是因为公司发展要顺应市场潮流，更是我们公司硬实力的体现。这一次总体上较1线更上一层楼，设备选型上要求更高，产品品质也有了更好的保障。随着电子行业的快速发展，SMT技术将会得到越来越广泛的应用，前景是十分广阔的，我们也将会有越来越多的SMT生产线，未来的我们必将乘风破浪，搏击弄潮之巅。

近六年的光阴悄然而过，从科室到车间，从普通员工到车间副主任，领导的教诲提携、事事关照，无不在潜移默化地影响着我，伴随着我的进步和成长。我心怀感恩，砥砺前行，要不断追求优质高效，为"人人"事业的发展贡献自己的绵薄之力。

"雄关漫道真如铁，而今迈步从头越。"与企业同发展、共进步是我们每一个员工实现理想和价值的必经之路，40华诞的"人人"也正是当打之年，让我们扬帆，起航，唱响"人人"精神自尊自强自立的主旋律，向着"百年人人"的目标努力吧！

陈　鹏

2023年7月2日

脚踏实地，立足岗位在"人人"

流水落花春去也，于骤雨中听惊雷。当听到同事嘟嚷着雷雨季节下班必下雨，再过段时间入梅还要回潮，我才惊觉寒来暑往，又快到一年梅雨季，自己来到"人人"竟也有五六年的时间了。往事随风，却也有几桩记忆犹新的事。

还记得 2018 年梅雨时节，浙江多地出现大到暴雨天气，泗安也遭遇短时间暴雨的侵袭。由于当时厂区下水道出现了故障，地面排水不畅，造成车间、仓库大面积积水，最深的地方甚至达到 10 至 20 厘米。当时正值午夜时分，只有注塑车间夜班的人和值班的人在岗。为了减少损失，在总经理和在场各级领导的带领下，很多人从家或宿舍急急忙忙地赶到车间，撸起裤腿蹚着雨水，井然有序地抢险。暴雨过后经董事长及各级领导研究，决定将排水管改道排水，彻底解决了车间积水问题。后来听到各个部门领导表扬了抢险的员工，内心不由泛起涟漪：公司和员工也需要双向奔赴，相互依存，彼此成就，方能走得更远。

我很荣幸能够加入"人人"这个大家庭。在此之前我只是一个地地

171

道道的农民，不承想一来到这里就得到领导及同事的悉心指导和培训，很快掌握了机器上各种工装安装和调试技能。五六年的时间说长也不长，但是我切身体会到了"人人"的深厚的文化底蕴。我深深地感受到，"人人"不仅是一个盈利的公司，也是一个赖以生存的家。这里的每个人都立足于自己的岗位，维护着大家庭的和谐与发展。员工们勤勤恳恳，对工作中的每个环节都保持着一检再检的态度，争取不出纰漏；而领导们也尽职尽责地关怀着每一个员工，他们看到我们的成长和进步，给予肯定和褒奖，也能及时指正我们的不足和缺点，督促我们奋发有为向上发展，实现自我价值。

疫情三年，经济形势收紧，汽车产业可谓逆水行舟，但"人人"整体上还在健康、稳定、有序地发展。记得我刚进人人时，我负责的产品全靠人工操作，有着典型的劳动密集型产业特征，费时、费力，效率还不高，而现在多条产线实现了工业自动化，保质保量的同时节省了人工成本；我们的注塑车间从前只有十几台机器，只能做小件加工，而今拥有 40 多台机器，能大规模生产。身在人人的我一边感慨着人人的际遇，一边心道"厚积薄发"，正是人人数十年以来立足岗位脚踏实地，才迎来了今天的蒸蒸日上。我作为一名"人人"的员工，更要端正态度，多学多问，为"人人"事业的后续发展尽一份微薄之力。

大雨如银河倒泻，我撑着伞走进风雨中，扫了眼明亮的车间，心里明白我在"人人"这个大家庭里受益良多，绝非寥寥几笔可带过，然则来日方长，愿"人人"事业走进百强，传承百年，而我必当行远自迩，踵事增华。

吴运才

2023 年 7 月 2 日

质量是企业永恒的生命

岁月不居，时节如流。蓦然回首，人人集团已经走过了40个春秋，多少刚刚步入社会的稚嫩青年伴随公司一路风雨、一路成长，而在我投身"人人"大家庭的岁月中，作为一名小小的员工，见证着我们公司的繁荣与壮大，感受着我们公司的魅力与激情。

这是我们一路走来的见证，更是我们不断创新、超越自我的缩影。回顾过去，我们秉承着"团结、负责、务实、进取"的企业精神，不断开拓市场，不断提升产品质量，不断完善服务体系。在这一路的探索中，我们走过了曲折的道路，经历了无数次的挑战和风险。但也正是这些经历，让我们变得更加成熟和坚定，更加勇敢和自信。

一转眼来公司已经5年了，自踏入公司以来，我从最基层的一线操作工到现在的质量管理员，不论是哪个岗位，我对工作的热情和态度都一刻不曾怠慢，在学习中成长和锻炼，也懂得质量在零件的生产过程中的重要性。在我们日常生产中因为质量问题而导致返工或停机等，其实就是在浪费，而浪费就是一个企业在成本控制中最大的敌人。做质量管理的第一天，带我的师傅就告诫我，做检验一定要有高度的责任心和强大的心脏，敢于发现问题，指出问题，不能做老好人。如果带病的零件流入主机厂，造成主机厂投诉、停线，对于公司的信誉和经济都会带来极大的损失，这个入职培训到现在还深深刻在我的脑子里，让我深刻体会到质量是企业生产经营的核心，也是企业竞争力的体现。质量是企业的生命，在竞争日益激烈的市场上，我们要一点一滴地做好产品质量去赢得市场的信赖。

经过了 40 年的千锤百炼和风雨的洗礼，"人人"事业依旧茁壮成长着，我有幸加入到这个行列，成为"人人"大家庭的一分子。在未来的日子里，让我们一起继续携手前行，迎接更多的挑战，创造更加辉煌的明天。

历史的车轮滚滚向前，时间的脚步永不停歇。奋进的人生轰轰烈烈，平凡的日子永不平凡！

彭微微

2023 年 7 月 2 日

大爱无言

善行善举篇

疫情终有时，春暖花自开
——记杭州人人集团抗疫保障小分队

今年的夏天比往年来得晚了些，五月还是乍暖还寒，我坐在办公桌前小啜清茶，一边感受着手心散发的暖意，一边打量着窗外随风而动的青翠，午后阳光却悄悄地透过玻璃窗爬上脸颊，昏昏欲睡中思绪也慢慢飘远，回到了那天……

2021 年 12 月 9 日，同样也是晴朗的天气，那天的风可没有这么温柔，北风怒号，似乎在宣告着凛冬将至。我站在出差地温岭酒店的窗前，手机不停地叮咚作响，显示着一条又一条疫情时讯，心中不禁升起一阵烦躁。

我改签了最早的一趟高铁，下午三点回到了杭州，却得知整个公司已突然被封控了。200 多位同事也被打了个措手不及，没有任何生活必需品，也没有任何药品，更没有人知道隔离的日子还要过多久。此时的北风也一声更胜一声，黑云压城，也压在了我的心上。我隔着东新路，看着公司大门被铁栅栏隔离，站满警察、"大白"的场景，有点透不过气来。

身为公司总部成员，此刻我深知自己肩挑重担。我联系了被隔离在公司内的领导，知道公司已成立了抗疫领导小组，并委任我与在公司外未被隔离的工友们成立小分队在封控区外工作。一刻也不敢停歇，我立马接二连三地打电话联系所有未被隔离的同事，终于凑出了仅有的 8 个人——抗疫保障小分队正式成立了。并把一家离公司近又能停货车的快捷酒店，作为抗疫保障小分队临时办公场地。做好了一系列准备工作，这时候才意识到我竟也成为一名"逆行者"。我和同事们统计急需物资的清单，马上赶到市场争分夺秒地采购物资。往日熙熙攘攘的街道上如今不过寥寥几人，倒是方便了我们手提肩扛、大包小包地飞奔。晚上八点，隔着栅栏看着逆行在疫情防控一线的防疫人员认真负责地检查我们第一批送入的生活急需物资，给堆成小山的物资消毒。大战才刚拉开序幕，一切都是未知，只能摸索着前进。

12 月 10 日，小分队在临时办公地正常开展了工作，考虑到来回奔波会增加被感染的风险，大家决定暂住酒店。我们这支抗疫保障小分队除了要保障被封控的 200 多名同事的基本生活所需外，还需要时刻关注疫情政策，掌握封控地区的变更信息，更要保证我们的生产业务正常运营。

我们公司是全国各大汽车主机厂的供应商，供应着生产链上关键零部件，平日里公司的业务电话基本都是从早到晚忙个不停。如今疫情肆虐，看不到疫情的拐点。各大主机厂的采购人员每天来电询问封控情况是否缓解，产品供应是否有影响，每个主机厂的人员都希望我们能给他们吃一颗"定心丸"，生怕因供不上货而造成停线。但封控规定任何物资只进不出，以防疫情扩散。这样，公司的产品无法发货，我们一边安抚着客户，一边根据订单轻重缓急和公司每天实际安排生产。公司内隔离人员没有一人"阳"的，生产的产品也不带"阳"。由于公司周边路都已经被封控，想要完成任务比平时艰难了许多——新找的未封控的路线都是土路，本就狭窄颠簸，平时只能勉强通过一辆车，再加上江南多雨水，让本就难走的小路变得泥泞不堪。路的一边还是河道，稍不留神就会发生事故，就连我们队员中经验最丰富的驾驶员都遭遇了几次"险情"。这个过程公司有同事拍了照，我们传给了几个汽车厂，使得一些汽车厂领导深受感动，都说这个敢于担当的企业靠得牢，大大提升了"人人"的知名度。用行动诠释了"人人"企业敢于担当的企业文化内涵。

在这样艰苦的条件下，无数个寒冷的冬夜，小分队同事都要忙到凌晨一两点才能拖着疲惫的身躯回到酒店，睡上囫囵一觉，稍事休息，等待第二天的任务。

几天下来，各项工作逐渐步入正轨。在超负荷的工作强度下，为了保障我们这支抗疫保障小分队成员的身体健康，我每天跑到各个地方变着花样给大家改善伙食；为了缓解队员们的心理压力，我成为大家的树洞尝试着给他们减压。此时没有所谓的领导和下属，只是并肩作战的战友，而我的战友们也积极地配合工作，尽力地为我减轻负担。每个人一天有效的休息时间仅4小时，但是大家都在顽强地坚持着，期许着明天或许能解封。

公司内一块长的黑板报上一幅粉笔书写的"国之难，我之大任！抗'疫'战，天佑中华！"大标语，整整两年了，没有变过。此时我们也深深理解了"天下山河清影在，人间风雨同此宵"。我们在守望中、逆行中期盼着黎明的曙光穿过漫漫长夜。

终于，在经历了十三天的艰难磨砺后，我们在12月21日迎来了解封，此时连呼啸多日的北风也停止了扫荡，洋洋洒洒的阳光从云朵中溢

2020年1月新冠疫情席卷中华大地"人人"为之担大任

出几缕，照得人身上也生出了一丝丝暖意。公司内外又恢复了车水马龙的喧嚣。

此刻，结束午休的闹铃如约响起，我稍稍整肃了形容，扫了眼窗外，清风徐来，只此青绿，正是如烟如画好光景！

郭力为

2023年7月9日

善之缘

　　清楚地记得，1999 年 12 月 31 日公司工会组织了去三亚迎新世纪的旅游活动，有 30 多名工友报名参加，其中也包括我的老母亲。这是公司的老传统，每次外出活动都可带家长、家属。当天傍晚飞机直飞三亚，不少人还是第一次乘飞机。下飞机后，大家一路欢声笑语，我们住进了三亚海边的宾馆。夜晚，由当地导游带我们进入已关门的天涯景区，晚上 12 点差 10 秒时，大家一起倒计时数数至 0，在"天涯海角"大石头边，齐声欢呼，迎来了 2000 年的新世纪，又一起拍了合照留念，记录了千年一遇的特殊意义时刻！就这样，在三亚过了个千禧之年，也从此开启了公司在每年元旦辞旧迎新活动的先河，共同祈福，公司能平安顺遂发展！

　　在后来的新年祈福中，我们去过杭州净寺、新昌大佛寺、湖州法华寺、余杭径山寺。第一次去径山寺是 2002 年的国庆期间，当时经朋友介绍来到了径山寺，住在径山宾馆，是径山顶上唯一的也是最好的宾馆。入住的房间面对群山，特别宁静。我们眺望着群山、层层叠叠的翠竹，耳边聆听着秋风吹过翠竹沙沙的声响，感觉很放松，我们很珍惜这样的生活。离宾馆 5 分钟路程有一座千年古刹径山寺，在进入破旧的径山寺后，我们还是被这个五山十刹之首、有着千年历史的唐代古寺吸引住了。在静静的参拜中，知道了不少径山寺的历史，冥冥中结了佛缘。最后公司选定了余杭径山寺作为每年元旦迎新年的福地。于是从 2002 年开始每年的 12 月 31 日下午，我们公司骨干以上干部及家属，大多数人走古道登径山，宿径山宾馆。在新年元旦我们都是凌晨天不亮就起床，摸着黑去寺庙门口敲门，等待 5 点钟，庙开门，烧头香。冬天的山上更冷，无论是天寒地冻，还是满天雪飘，因心中有着那份祈祷公司及工友和家属平安、健康、进步的信念，也就忽略了那份寒冷，站在那边跺脚、边搓手，心中却充满了期待。

2007 年的元旦前夕，因为此时的径山宾馆已陈旧不堪，最后连热水也没有，电还不停地跳闸，实在没有办法住了，所以有两年我们曾去了湖州法华寺及新昌大佛寺进行辞旧迎新活动。后来，听说径山寺新来了方丈，公司领导和工会领导商量后，又去问庙里能否安排临时住一晚；能否在晚上 12 点开寺庙门让我们公司员工进庙烧头香？感觉有点意外的是，方丈很爽快地答应了。心中第一次感觉到了出家人的慈悲之心和有求必应。自此，每次进寺庙更增加了对寺庙的恭敬之心。后来寺庙又组织了跨年夜的祈福法会，参加人员还排队进行新年零点敲钟。年复一年，工友们在祈福中得到了安心、平安，公司也年年健康的发展。

回想我们公司 30 多年的发展，对社会、对生活质量有了不断提升的新的认识。公司一开始就创办成让残疾人就业的福利企业。同样，自强不息，坚持科技进步使公司成为首批国家高新技术企业。公司的汽车电器（子）产品打入了国际品牌的汽车厂并为之配套，在创造社会效益的同时也收获了良好的经济效益。公司积累了一些资金，公司领导认识到要进一步回馈社会。2015年我们出资300万元在东新路上造了"人人天桥"。当时，公司出资在马路上造天桥，是看到残疾人上下班穿东新路的不安全状况（前后有2名残疾人被车撞伤）。所以做了此事，杭州市领导知道后也支持和赞扬了这种企业行为，认为是为政府挑了担子，为老百姓解了忧，是一大善行。

2016年金秋，我公司董事长一行和几位朋友上了径山寺。戒兴方丈热情接待，喝茶、聊天中，方丈还介绍了径山寺的千年历史挖掘背景，我们听讲的人都对径山寺这千年佛教文化和禅茶的历史感到震惊和敬仰。理解了戒兴方丈重建径山寺计划的意义，他还讲了：此次重建得到社会各界的大力支持。山门和大雄宝殿已有佛友捐助，戒兴法师又介绍到，二期还有一法堂（藏经楼）需复建，又比较详细地介绍了法堂复建的设想、用途等，复建资金需1700万元，当时郭董和我听此介绍心动了，表达了支持复建的意向，在场的几位朋友也感觉助建藏经楼是对佛教文化的支持，意义非凡。回公司后郭董即召开了股东会、总部成员会议及职工代表大会，介绍了这千年一遇的机遇，也谈了公司可承受的经济状况。三个会议一致同意我公司出资1700万元，通过余杭区慈善总会捐建藏经楼，以从善为本，帮助径山寺发展佛教文化。径山寺于2016年12月举行了隆重的捐赠仪式，2017年举行了规模宏大的奠基仪式，我们公司在建设过程中根据工程进度分四次付了捐赠款项。

在佛教中，法堂是每个寺庙中有重要地位的建筑，而径山法堂上有四季恒温的藏经楼，楼内藏有历代重要的"径山藏"等经书及佛教文化的图书，计划中还有供出家人及游客使用的阅览室，一层又有法物流通处，可见重建法堂是项浩大的工程。

2020 年法堂重建成功，寺庙举行了隆重的法事佛会，邀请国内许多高僧大德及四方信众几百人参加了盛典，我司许多工友带家属也高兴地参加了。寺庙还在一层的面墙上用汉白玉石撰写了我们公司捐助过程的功德碑。工程完工的第二年，我们了解到藏经楼缺少藏书，于是我们又捐赠了 100 万元，用于购买藏书。

我们对能遇到的这个千年一遇的善举机会感到荣幸。这也使公司历年积累的资金的一部分，有了个健康、合理的去处。人应扩大爱心，于富中修慧，使福慧平行齐进，并取之社会、用之社会，即是植福修慧。这对公司及公司工友及后代都是有历史意义的，加深了"人人"企业文化的内涵，坚定地把公司全体工友引向向善、从善的人生路。

我们公司捐建法堂，感恩每个来径山寺的有缘人，静下心来在法堂听听经、怀着欢喜心来流通处欣赏法物、坐在阅览室阅览古今中外佛法经书。对公司来说都是广结善缘、积累功德。慈善就好比灿烂的阳光，没有它生活会失去光彩，贵在真诚，美在奉献。慈悲济世的志业可启发社会人心的良知良能。多一位慈济人，社会就多一个好人，所以要推而广之。 从此我司每年更有上百人在元旦前夕带上家属上径山参加辞旧迎新法会、撞钟、祈福、发新年红包，不亦乐乎！公司在全体工友的共同努力下、在径山寺每年祈福中、在佛法三宝的加持下开拓创新。我们公司几十年来坚持科技创新，工友们团结向上，勤奋工作。公司赚到了钱，工友们的生活质量也逐渐有了改善。现在我们把这些钱拿一部分出来修路造桥，行善人间，这是企业赖以生存、发展的一个重要举措，也是积福使然，使"人人"的未来充满阳光。感谢径山寺，感恩"人人"的佛缘！

王彩凤

2023 年 7 月 9 日

国之难　我之大任

事非经过不知难。回首过去近三年抗疫时光，我们经受了一场惊心动魄的疫情考验。从最初的复工复产到封控期间的保供，从进口零件物防链监管到上海封控的物流阻碍，面对着不断变化的疫情管控措施与要求，以及节节攀升的防控期间生产销售的成本，我们经历的是一场艰苦卓绝的历史大考。今天，我们交出了这份疫情期间100%的交付、没有让客户因为我们而断供停产一天、连续三年销售增幅高于行业水平的成绩单，这是最值得我们"人人苑"每个人骄傲的！

紧急订单，保障抗疫

2020年新年伊始，一场突如其来的新冠疫情迅速席卷大江南北，各地疫情防控形势严峻。疫情给我们带来太多猝不及防，我们公司属地开始全面排查有武汉行程人员和武汉籍员工。

这个春节注定不太平！

疫情迅速升级，武汉封城，全面管控，面对不可知的未来，以及各种渠道传递的信息，我们有些迷茫。各地为了确保当地人民的民生安全，要求外出人员不回家，春节不聚会、不串门，很多村镇开始封堵道路，不让外来人员进入。更多的返乡员工因为道路封堵不能出行。

在春节停工期间的 1 月 31 日，我们接到江铃汽车紧急订单：全顺车系负压救护车电器配件。负压救护车是不可或缺的抗疫物资，它能最大限度减少新冠交叉感染。为驰援武汉和全国各地抗疫，江铃救护车订单激增。同时南京依维柯增加医疗和军用车点火开关等订单也相继发来。这些车都是发往抗疫救援一线的。

此时此刻，一切以抗疫为上，订单就是命令，订单就是责任！

公司领导立即召集高管，召开电话会议，讨论、部署疫情防控和紧急生产订单等工作：成立疫情管控领导小组，迅速建立应急响应机制，落实责任人员和行动计划；计调部门查询零部件和成品库存，下达订单，组织生产；库存采购部紧急联系供应商发运零部件，要求克服困难，千方百计送达我们公司；销售部全体干部和业务人员及时与汽车厂联系，跟进订单和发车情况，紧急将库存产品发出；管理部按照上级指示建立防疫管理体系，储备口罩、体温计、消毒水等防疫物资，内部实施每日测量体温、戴口罩、消杀等有效管控措施。

首先要解决的是复工问题。当时浙江省政府已发布延迟复工的通知，我们立即打报告给上级主管部门。但是，当时的疫情发展情况严重。此时此刻，公司董事长肩负当家人职责，在深思熟虑之后，果断决定：暂时封闭公司，人员静止，统一派人购买生活用品。同时组织住在厂里的20 多人在做好消毒防护的前提下紧急生产。董事长即刻向区领导报告：这个订单也是防疫急用的紧急物资，其意义等同防护口罩生产。我们会按照防疫、防控要求做好规范工作。

关键的生产暂时解决了。然而，我们还是低估了不断出现的各种困难：这些订单生产还需要浙江人人集团（地处湖州长兴县泗安镇）提供注塑件和冲压件，那里也需要尽快恢复生产。但是泗安镇不允许杭州的人员和车辆进入，经过各个层面的沟通和努力，最后决定在人员不直接接触的前提下，杭州和泗安互运零件。

在大家的不懈努力下，零部件到位，杭州公司内20多名工友每天12小时的装配生产，终于完成了第一批成品。

2月13日正午，在管理层和员工们的共同努力下，我们终于完成首批负压救护车零部件紧急订单的生产，装车发往南昌，当日21：38顺利送达江铃。

此刻，所有艰辛化为豪情！历时13天紧急生产行动，只有一个目的，完成抗疫车零部件订单！

2020年2月13日杭州人人紧急生产江铃"抗疫负压救护车"的电器件首发南昌

积极复产，共克时艰

2月6日，杭州市发布有序复工的通报，我们公司根据救护车零部件生产需要，申请首批复工白名单企业。2月7日，区发改委派人到公司了解情况，明确说明审核流程需要到现场核查复工人员情况，确认行动轨迹，个人和公司法人必须做出承诺；还要到现场清点防疫物资储备情况，包括口罩、酒精、消毒液、体温计等。如不能满足口罩数量（每人每天2个，保证10天量）需要，直接否决。

1600只口罩的缺口！我们又遇到防疫物资采购的巨大困难！当时整个杭州已无法采购到这些物资。此时，政府工作人员都是肩负着巨大的责任来检查，绝无通融可能。于是，我们又发起内部动员，大家将家里储备的口罩捐出，公司领导也将自己从国外度假时排队买到带回的口罩、体温计全部捐出。经过公司上下齐努力，终于达到口罩储备要求。管理部设法通过关系找到余杭的消毒液生产销售老总，直接派人到工厂抢购84消毒液，为了能够多抢购一点，药水溅花衣服也已顾不上。终于备齐物资！

2月9日，经过区发改委核查小组现场清点物资，检查制度落实，确认我公司具备开工条件。当晚，区新冠防控指挥部终于发文，同意我公司于2月10日复工，成为杭州市首批复工白名单企业。当时整个拱墅区首批复工企业只有4家，这一复工机会来之不易！

此后，我们进入全面恢复生产工作。2020年2月18日，省、市权威发布，允许外地人员持健康码返杭。为了确保员工的安全，公司派驾驶员开专车去开化、寿昌、千岛湖接回工友。当我们的员工终于回杭，踏进公司的瞬间，镜头记载的是他们红红的眼眶和喜悦的笑脸。

复工复产的过程有太多的付出和艰辛，只有亲身经历方能感悟。我们选择了勇敢担当，积极应对，果断行动，通过科学有序的方法，既有效防控无人感染，又完成了生产任务，用自己的实际行动为国分忧，为民解难。防控过程中，我们又用行动诠释了"人人精神"的内涵。

封控应对 努力保供

2020年9月8日，全国抗击新冠疫情表彰大会举行之际，一段视频在网上刷屏：长安街上，钟南山、张伯礼、张定宇、陈薇四位抗疫英雄乘坐礼宾车，在国宾护卫队的护卫下前往人民大会堂。以国之名，致敬！他们具有一种敢于牺牲、无私奉献的精神境界。

此时我们感到似乎疫情在远离！可以松一口气了。

但是事实并非如此，疫情的变化防不胜防。2021年冬季，疫情感染人数上升。12月9日上午7：30，由于公司同区域的景川公寓确诊1例无症状感染者，区防疫指挥部立即对公司实施封控。公司内的200多人一下子蒙了，一切生活用品，吃喝拉撒怎么办？连睡觉的被子、个人的替换衣物都没有。

此时又是公司领导，当仁不让地挑起了应对突发事件的担子。首先，统一认识，"牺牲小我，以保障大局"。之后，各项工作有条不紊地开展起来。部分未被封控在公司内的人员及在外运输的车辆由公司一位出差外地回来的副总，在公司附近租酒店集中办公，线上线下结合，与隔离在厂区内的人员联合办公。紧急采购了大量个人生活急需的生活用品，生活保障措施逐项落实。当时，比较大的问题是有些智障的残疾人工友已出现情绪不稳现象，封控专班上报区政府后，全程封闭送这些残疾人回家隔离。

封控期间最大的问题，是封控在公司的200多人干些什么？如果闲着无事干，反而会加剧情绪波动。于是公司决定，正常生产！这些隔离在厂区内的人员全员投入正常生产，很多时候还每晚加班2小时。生活上的困难一天天在解决，区防控小组送来了一批生活急需品，单人床、被子，连枕头都配齐了。

2020年疫情发生后的两年时间，各汽车厂生产刚刚有所复苏。知道我们公司被封控后，广汽、江铃等主要客户心急如焚！因为他们很多零件是我们独家配套的，封控意味着我们不能及时供货，这些汽车厂汽车总装就会停线，损失不可估量！于是他们通过广东省、江西省发文到浙江省有关部门，要求通过相关渠道帮助我们公司解决生产、发货问题。在我们不断努力下，区防疫指挥部最终决定：每天晚上8点后，物资可以进厂，而且必须通过厂区门口设定的隔离区进行非接触交割。于是，每天晚上8点后浙江人人生产需要的零部件，食堂购买的菜、食物等陆续送达。一车一车连续不断，我们内部组织人员有条不紊地快速接收、搬运。

封控的日子，我们也是尽量过得有意义！区和街道的防疫专班送来慰问品，送来抗病毒的中药。晚间，大家在车间、办公室将简易行军床铺成一排，回归着最简单的集体生活。每天食堂早、中、晚餐不断改善伙食。远在长兴泗安浙江人人的几位高管，自己出钱到泗安农村购买整只土猪处理后送到公司，慰问隔离在公司的全体工友。晚上食堂聚餐，所有人都尝到了红烧肉和白切土猪肉，品尝美味，也是乐在其中！此情此景，只有"人人苑"的工友才能感知！

2021年12月16日，"人人"事业38周年！每年的这一时刻，我们都会聚会，组织丰富多彩的活动。封控的日子也要过好节！公司严格做好会场消毒，保持会场人员的间距，举行了简单而隆重的庆祝活动。公司内有个大鱼塘，里面养着各种鱼，因为非饲料喂养，平时都是作为有机食物待客。为了丰富纪念日的晚餐，各部门组织了捕捞。后来，干脆抽干池塘水，清塘抓鱼。隆冬季节湖水冰冷如刀，但大家掩不住心中的火热，各部门都派人参加捕鱼活动，大家跳入塘内，直接用水桶兜，大鱼小虾抓了不少，热热闹闹过了个特殊的厂庆！

2021年12月16日杭州人人疫情封控期间，公司内清塘抓鱼改善生活

至12月21日上午，公司接到专班通知，下午1点钟正式解除管控，恢复正常的工作和生活。公司在大门口举行了简短的解封仪式，疫情封控专班宣布：杭州人人集团新冠疫情隔离封控结束，正式解封！此时，

2021年12月20日杭州人人新冠疫情封控期间，主管部门发放慰问品

未被隔离车辆和人员在公司领导的带领下，排成车队缓缓开进公司，引起一阵欢呼！当天电视台也对公司的解封仪式进行现场采访和报道。

"疫情铁栅，天涯咫尺，昼夜嘘寒，人间善缘！"封控专班向公司领导献花，感谢人人集团以大局为重，自行解决封控期间所有困难，为国分忧，大义大德！

在公司领导的带领下，在全体工友的共同努力下，历时13天的封控期，我们自行担当，完成各汽车厂的保供任务，实现了0差错、0次品、0感染的目标！浓墨重彩的一笔将铭刻在"人人"的历史上！

疫情肆虐初期，公司的宣传栏大黑板报上写下大幅标语"国之难，

2021 年 12 月 21 日解封专班感谢董事长、总经理

2021 年 12 月 21 日解封仪式，人人的感恩、致敬！

我之大任，抗'疫'战，天佑中华！"。这块标语整整保持两年多，也一直激励着我们。今天我们自豪地说：我们做到了！"人人"勇于担当，彰显民族企业的拳拳之心。如果说技术和市场需求是发展的驱动力，企业文化就是发展的核心竞争力，"人人"企业文化的精神内涵将成为永恒的力量！

赖　军

2023 年 7 月 2 日

从过去看见"人人"的未来

　　白驹过隙，斗转星移，一转眼杭州"人人"走过40年的历程！

　　2023年12月16日是"人人"事业成立40周年的喜庆日子。40年的风雨历练，如一本厚厚的书，承载着"人人"事业日新月异的发展轨迹，"人人"事业的繁荣昌盛，也是我自豪的根基和幸福的源泉，而我与"人人"这么多年结下的这片情也将永远珍藏于心间。

　　此时，夜色已深，窗外吹进了暖暖春风，在这个宜人的春夜，"40周年"的征文活动让我曾经的记忆被渐渐唤醒，岁月痕迹一幕幕展现在眼前。正因为此次征文，让我得以细细回味，我作为公司的一员，与"人人"一路同行了31个春秋……

　　轻轻地，我合上"人人"事业30周年的征文集，不由记录起工作中的几件小事。

走进福特

1992 年 11 月我被调入杭州汽车电器厂销售科，当时的"人人"还是一家规模不大的企业，而今的公司历经 40 年的耕耘，发展成为理想、丰田、广本、广汽等多家汽车厂的供应商。公司从小到大，由弱到强，背后是引领者和员工数十年如一日的辛勤付出和巨大努力，他们用自身拼搏的汗水，浇灌着公司的成长，用无怨无悔的豪情追逐着公司的未来。

2005 年，公司决定调我去开发长安福特汽车配件市场。当时福特车的国产化已近尾声，且是一家合资企业。进入配套的要求、规矩甚严，我的前任同事兜兜转转几年也没有得以介入，打入福特市场的难度可想而知，更遑论我人生地不熟？但转念一想，企业要发展，必须要有新产品、新的市场，天将降大任于斯人也，必先苦其心志，劳其筋骨！于是我带着 2 名女同事，开启了漫长而艰辛的福特长征之路。

炎炎夏日，初到长安福特汽车大门口，当头一棒是没有福特内部员工的邀约不得进入福特公司。我们的第一感觉是蒙了，千里迢迢赶来，实在不甘心就这么吃了闭门羹。我们好声好气和门卫师傅说道："师傅我们坐了二十几个小时的火车，第一次来重庆，真不清楚福特的规定，这么热的天，看在我们几个女同志的份上，请通融一下让我们进去吧。"任由我们再三游说和求情，门卫师傅一点不为所动。我们仨被坚持原则的门卫拒之门外，百般无奈，狼狈退场。回到公司的我心情郁闷，寝食不安，甚而有些却步。"咬定青山不放松，立根原在破岩中。千磨万击还坚劲，任尔东西南北风"，高中老师勉励我的一首诗萦绕耳边，给予了我莫大的勇气和动力。为了完成此项任务，我们仨一次又一次地讨论，忽然间脑洞大开，想到从福特南京工厂着手。因福特南京工厂紧挨着我

们的客户南京菲亚特公司，而菲亚特又有着我们结交多年的好朋友。历
尽艰辛，通过菲亚特的朋友找到了福特汽车采购部派驻南京福特汽车的
采购工程师，经他的引荐，我们联系上了福特汽车（重庆公司）的担当
工程师。福特担当工程师碍于同事的面子，总算接受我们带产品去看看。
约了拜访时间后，拿到了内部员工邀约的我们满怀欣喜连夜坐火车赶往
重庆，又花了2个小时赶到位于重庆渝北区鸳鸯镇的长安福特汽车公司，
不想又被挡在门外。保安师傅指着立在门口的《出入规章制度》指示牌，
我们定睛一看，原来要着裤装和带衣领的上装方可进入。与铁石一般的
保安师傅去求情肯定是行不通的，往返酒店又要几小时，而我们与担当
工程师已约好了时间，如果回去不仅会失约而且给客户的第一印象也差
了，或许也会因为我们的不守时而失去这次见面机会。三人商量后决定
就近购买，心急火燎的一阵小跑赶到商店，挑选好款式，试了大小，感
觉不错，付好钱穿上新衣，又是一阵小跑，准时赶到了福特厂。在担当
工程师的引领下，总算跨进了福特厂大门。环顾四周，大气的厂房，高
覆盖率的绿化，丰富的活动场所，一个现代化的美丽厂区展现在我们面
前。沿着绿荫小道，我们来到了干净而整洁的办公室，礼貌地双手递上
名片，在担当工程师的示意下落座，拿出公司产品样本一一做了介绍。
采购工程师也认真听了我们的介绍。结束会谈后，我们留下公司产品样
本，起身告退前邀请担当工程师来公司做客。这次会面后，我们和福特
保持电话联系和交流，并经常奔波于杭州—重庆两地，加深了客户对我
们公司的了解。一来二去，我们的热情和执着终于博得分管担当的好感
和信任，答应我们派技术、质量人员前往福特做详细的公司介绍和产品
介绍。当我们接到这一消息时难以掩饰内心的喜悦，第一时间汇报公司
领导。公司领导给予我们极大的鼓励后，也给我们定下了目标——齐心

协力，不惜一切拿下福特产品订单。公司十分重视这次难得的技术交流机会，果断派出了技术、质量两位副总及技术担当一同前往，给参会的福特汽车公司采购、技术、质量部相关领导和专管人员做了详细的演讲，留下了较好的印象。技术、质量交流有了新的进展后，总经理亲自出马，多次往返福特汽车商谈和开展业务工作，更深一层拉近了与福特的关系，使得我们的工作顺畅了很多。经福特采购担当的推荐，福特派出 STA 工程师专程来我们公司进行为期 15 天的驻点，督导并提升了我们相关产品的技术能力。2007 年底，福特终于将点烟器、取电口项目全部发包给了我们公司，而公司对这次参与福特项目的人员也进行了很高的奖励。

福特汽车的市场订单为我们后续进入轿车点烟器、取电口市场拉开了序幕。我感到成功的秘诀不仅在于坚持目标和信念，还需要"人人"这强有力的后盾做支撑。

40 年后的今天，呈现在眼前的人人生产的主要电器（电子）产品已覆盖国内各大知名汽车厂，公司的厂房分布在杭州东新路、长兴泗安和今年底即将投入使用的北部软件园的人人大厦。"人人"的过去或有荆棘，但"人人"的未来一定生机盎然！

布置舞台

2012 年 11 月底 C 楼屋顶新会场落成，随之而来的是，要在新会场举行庆典活动。我们接到的任务是将食堂会场的幕布和窗帘拆下后抖干净再装置在新会场上。看似简单，做起来可不简单。我们几人先实地测量了舞台的长度、宽度和高度，发现新会场不仅比老会场宽敞多了，还是钢结构的人字顶。为了协调和美观，我们在有限的时间里除了做好舞台幕布，还要装饰前面的几根钢筋柱梁。心中有了计划，我们先去老会场拆幕布，这时候问题接踵而至。因蒸汽、油烟晕染，幕布上吸附了一层油腻腻的东西，大红已成了暗红，眼看抖不掉灰尘，我们当下决定清洗幕布，三下五除二地放入水池，倒入洗衣粉，打开水龙头，只听得一声"哇塞"，原来好几米长宽的金丝绒吸水后变得更重。我们到底还是失算了，满是肥皂泡泡的幕布在那么小的水池漂洗，费事不说，且清洗不干净。正踌躇着，同伴大叫一声"在游泳池里漂水"，可谓急中生智。我们脱掉厚厚的外套，撸起袖子，齐心协力地抬着幕布，趴在泳池台阶边，再用力地甩出去，连搓带漂，刚才还满是泡泡的幕布泛出了红色。"啊呀呀，你们要冻坏了啊！好了好了，赶紧把棉衣穿上"，董事长的一声吼，把大家怔住了，原来已到中午吃饭时间了。我们将幕布、窗帘挤干再晾晒，这时才发觉双手已被冰冷的水冻得红彤彤的。

第二天，我们裁剪和缝制了幕布和窗帘，男同事们又架起了梯子，通力合作，将这些幕布、窗帘挂上了3米多高的梁上。接下来的任务是要把它们一块块地固定和拼缝起来，这针线细活自然落在了女同志的肩上了。在3米多高的梯子上，还要仰着脖子干活，大家不由得犯起难来。你看看我，我看看你，最后眼光齐刷刷都投向了我。我不登高，谁来登高？恐高的我平复了一下心理，带好针线，生平第一次爬高。抖抖瑟瑟地爬上了高高的双梯后，往下一看，心怦怦直跳，有点晕眩了，扶梯的同伴不停地安抚、鼓劲儿，咬一咬牙，调整了心态，穿针引线，爬上爬下，总算在当天完美告捷。每当我坐在会场台下，看到身披服务10年、20年、30年绶带的工友们站在红色幕布下的舞台上一手捧着鲜花，一手拿着24K纯金纪念币和服务荣誉证书时，也与有荣焉。

口罩风波

2020年春节，工会又按往年惯例组织工友出国旅游。公司领导的口头禅"辛苦钞票快活用"，今年的旅游目的地是我们向往已久的塞班岛和首尔。

1月22日，我们一行抵达萧山国际机场正待出发，此时同行的销售总监告诉我们疫情变得严重起来了，昨晚他得知信息后连夜跑了多家医院找了熟人朋友，才为我们准备了些防疫专用口罩，据说医用防护口罩已告罄了。当时的机场大厅人流如织，大家推着行李，疫情尚未减弱春节旅游的兴致。下午，我们一行乘机顺利到了首尔，大街上人来人往，洋溢着浓浓的节日氛围。晚上，郭总监找了上好的烤肉店，请我们美美地吃了大餐，纵观四周，一切正常如初。

1月23日一早，我们从首尔转机到达塞班岛机场，与先到塞班岛等待我们的同伴会合。这时已先到的同伴告诉我们，官方发布了消息：武汉由于疫情严重，公交、地铁、轮渡、长途公共交通停运。没有特殊原因，市民不能离开武汉，同时机场、火车站离汉通道暂时关闭，通俗的说法是武汉封城了。我们一行人都很惊讶，多少也有点恐惧了。我们虽从来没有遇到过这样的情况，但也都明白国内疫情十分严峻。获知国内口罩被抢购一空，供不应求，成了紧缺物资后，领导立即拍板为了春节开工赶紧采购口罩，我们一行到了酒店，放下行李，马上出发，然则商场抢购口罩的热情已远远地高于旅游的劲头，待我们去时已所剩不多了，标价39美金50只，折合人民币每只要5.6元，涨了10多倍。我们几个女生拿着口罩犹豫着，想放下但又生怕被人买走了。董事长一句"出来了，就把美元当人民币标价用"，引来我们一阵笑声。也真是服了，旅游的我们拿着美金买下了商场剩余下全部的口罩。

　　1月29日，我们回到首尔，为了保证公司能在节后开工，当务之急是继续购买口罩和测温枪。在去酒店的路上，映入眼帘的是马路两侧商铺门前蜿蜒的长队，成群结对购买口罩的人成了异样的风景。看到当时的情景，年轻的销售总监迅速整理出了需要购买的物资和数量。我们分散到附近超市、商场购买口罩等防疫用品，因到达时间已近傍晚，抢购的数量远远不足。第二天，我们推迟当天的游览安排，早早起床去排队，等待商铺开门时第一时间购到足量的口罩等防疫用品。韩国当天的口罩价格继续飙升到每只近6元人民币，公司员工众多，每人每天一只是一笔不小的开支，我们有些下不了手，一旁的董事长毫不犹豫地一声令下："买！买！"大手一挥，几大箱口罩收入囊中，满载而归。

　　正是公司慈心为民，心系工友，在口罩急缺的时候人人方能保障员工的口罩充足供应。回顾公司的发展，我和公司走过的历程，不得不感慨，唯有大锅里有饭，我的碗里才可能装满；唯有大河里有水，小河里才不会干涸；唯有公司旺盛，员工才会受益。

　　40年只不过是历史长河中的一瞬间，"路漫漫其修远兮，吾将上下而求索"，曾经的辉煌已经永远定格成为历史，未来我们也将风雨兼程，全力以赴，用我们的智慧和力量为打造"百年人人"贡献力量。

　　同一个梦想，同一个方向，我们同一个"人人"！

沈国英

2023年7月2日

三十载携手，共创辉煌

——记我与"人人"的三十年

时间像一捧流沙从指尖溜走便不复回。唯有照片，可以承载许多美好记忆和温馨瞬间。一张照片，记载着一个故事，讲述了一段经历，勾起了一份回忆，饱含了一份情感，这些回忆使生活变得更美好。我尤爱记录、收藏照片。

一个阳光灿烂的周末，我翻开厚厚的相册，一张站在大桥上、穿着一件竖条白衬衣，黑色裤子，肩上挎着电脑包，面带微笑的照片展现在眼前。照片背面有拍摄日期字样，记得这是多年前在长沙的一次出差，董事长给我拍的，当时的一件奇遇至今还历历在目，不由得勾起了我的回忆。

2009 年 7 月，我们为广汽本田供货的电源插座，因成本和质量双优势得到了本田的认可。由于本田前采购部长被调到广汽三菱任领导，分管采购工作。为此，我和董事长应邀前往长沙，商谈后续与广汽三菱的合作事宜。在工作结束后，顺道逛街观赏了长沙街头美景。

路过当地的一个农贸市场，这农贸市场在路边，我们遇到了一个民工模样的人手里拿着一只巨大的乌龟，大概有10斤，体呈卵圆形，四肢扁圆，前肢五爪，后肢四爪，头部可比成年男子拳头。这民工声称这只乌龟是在附近工地上挖出来的，是一只百年老龟，卖2000元。董事长觉得这么大的老龟如果被人买了当作食材上桌就太可惜了，他想买下这只乌龟。就算这不是真正的百年老龟，也是经历了不少岁月的。我们经过讨价还价，最终以500元的价格将老龟买下。为了把这乌龟安全地带回去，我们在路边东寻西觅，终于在旧品回收站里，买了两只电风扇网罩，一合，正好把这老乌龟装入。老龟跟着我们上了火车，千里迢迢回到杭州，大家称奇之余，一致决定放生。那天，公司派两人开车到钱塘江边乘退湖时把老龟放生钱塘江，老龟入水去时竟然还一步三回头，仿佛在留恋将它放生的人。"勿以善小而不为"，我们千里迢迢从湖南长沙把一只老龟带回杭州，放生钱塘江，救了一生物的命，体现出一份善心，这是一个小善举。乌龟为"四灵"之一的吉祥物，是健康长寿的代表，同时又称转运龟，能助人走出困境、迎接新生。

人人集团如今迎来了40年华诞。我们一路走来，攻克了一个又一个技术难题，树立了一个又一个行业典范。这是辉煌的40年！

时间像这飞驰而过的列车，我们会随着自己的经历和成长不断发生变化，会有许多的回忆，可能是幸福的故事，也有遭遇的困苦或是独特的经历，这将会一直伴随着我们，让我们能够回忆过去，珍惜当下，展望未来。

我与"人人"相偎相依共同成长了30年，衷心祝愿"人人"与龟同寿，铸就百年企业！

李　杰

2023 年 7 月 2 日

人人天桥

　　"师傅，前面靠边停就可以了。就在那座人人天桥下面！"我从出租车上下来，一抬头便望见了这座横跨东新路的人人天桥，一座终年无言的铁桥，却是钢骨柔情的大爱。

　　这座东新路的地标天桥属实来之不易。2011 年，公司内先后有两名残疾员工，在上下班穿行公司大门外的东新路时，被机动车撞伤。公司内所有员工都开始揪心起来：由于厂门外的东新路是连接拱墅区和下城区的主干道，大货车和小轿车的流量都很大，经常发生交通事故，普通人横穿马路都必须小心翼翼、心惊胆战，何况是身体不便的残疾人呢？

　　我们想，如果有个过马路的人行天桥，就会安全多了。公司办公室查了有关规划，知悉了东新路上的确要再造一座人行天桥，地点是距我公司 500 米之外的沈家路口，那是市政府的市政工程项目。那么可不可以我们企业出钱，在东新路公司的门口造一座天桥呢？在了解有关程序、政策后，公司向市政府提交了天桥建造报告。

好事多磨，公司领导也多次到政府相关部门了解此事经办进展情况，力争尽快办成此事。此事被分管的副市长知道了，他说有企业愿意出钱建造一座天桥，改善公司残疾职工上下班出行安全的问题，是企业的社会责任感所彰显的大爱，我们必须重视。在事先征求了规划、地铁及政府部门的意见后，副市长召集了市政府相关部门到现场进行办公，在不影响总体规划的情况下，拍板通过了这个利民的好项目。接着请相关部门落实下去。这位副市长赞赏地说：以往只有银行出钱冠名天桥，还没有企业出钱"造天桥"的，杭州人人集团之举也是为市政府解难，应当支持、赞扬。

当初我们公司给市政府的报告，计算了天桥总投资不超过300万元。这个预算是怎么计算出来的？我们是搞机械制造30多年的企业，虽然不懂造天桥工程，但是这个钢结构的原理、分析、材料计算，包括人行电梯的配置（电梯厂的报价咨询）我们是内行；我们也分析了几种主要费用以及不可预见费用（如地下管线的迁移），有理有据的说法得到了领导的认可。2013年4月，人人天桥项目进行公示，在市政府的关注下，终于作为政府项目投标成功。

经过先后两年坚持不懈的努力，天桥终于在2015年正式建成了！由于我们公司"人人"商标是浙江省著名商标，公司又是省知名商号，所以市政府批准冠名"人人"天桥，也给"人人"增添了美誉度。

人人天桥建成后的近十年来，基本杜绝了在公司周边发生的交通事故。我们企业也实现了尽力保护员工交通安全的夙愿。古往今来，造桥铺路都是功德无量、造福子孙后代的善举，我们作为负责任的企业，做到了！

人人天桥，连接的不仅仅是马路的这边和那边，更是人人之间的情

2013年6月集团公司出资建造的"人人天桥"

谊纽带。现如今，人人天桥已经成为"人人苑"不可分割的一部分。

公司在这近十年中还持续关注天桥的保养和修护。除了人人天桥之外，公司还参与过很多慈善活动，如多次发动公司员工一起赈灾济贫，捐款修寺庙藏经楼等，做慈善已融入企业文化中，超越了责任和道德范畴。古人云："三十而立，四十而不惑。"人至四十，能够明白事物的本质与道理；企业至四十，也明白有所为有所不为。历史记载了我们的汗水与坎坷，也记录了我们的焦虑与彷徨。不是时间对我们特别恩赐，而是我们对时间格外珍惜和敬仰；不是我们对集团青睐有加，而是集团对我们饱含尊重和期望。希望接下来每一个春夏秋冬，每一次潮起潮落，每一轮日出日落，我们共度！"人人"将以坚定不移的意志，铸就永世不落的辉煌!

  40 年来,人人集团历经风雨,昂首向前,两代人为之努力,为之拼搏,为之深感荣耀。作为一个老员工,我想我是幸运的,是公司给了我施展技能的舞台,让我人至中年依旧对"人人"抱有激情与热爱。

夏玲莉

2023 年 7 月 2 日

公司十年印象

　　初入人人集团时，我还带着一丝青涩和稚嫩。年轻时总以为十年是漫长的，一眼望不到头。但时间有时就像驶向拐口的车子，不经意间一瞬即过。我在人人苑的这十年期间有过冒冒失失、也有过风风火火；有过勤勤恳恳、偶尔也会懒懒散散。也正是因为这样，得与失不断碰撞，我也在跌跌撞撞中成长、成熟。

　　初入公司时，塑料模具才刚刚起步，大家都在摸索中前进，总会遇到许多问题。从最初的采购、加工到最后组装，总有一些小意外，但大家通过各种渠道咨询、了解，钻研、拓展并加深了对专业知识的理解，也集思广益地解决了各种问题。随着公司规模的越来越大，高精尖的设备越来越多，对我们的要求也越来越高。我们在做好自己本职工作外，还要不断地提升自己的专业技能，以便顺应公司和市场发展的需求，更好地为公司和客户服务创造价值。

　　基建，这是件群策群力的事。我记得刚进公司时，车间改造需要打通一面墙，以便对新大楼一楼的注塑车间进行扩建改造。一起干活的工友开玩笑跟我说："这项工作对你来说应该简单，因为你经常抢大锤（我们装配模具的时候要用敲大锤的方式把模具装配到位）。"虽说是玩笑，但我想想应该也是这个理，然而砸墙看似简单，实则不然。过程之中总感觉站位不对，有劲使不出，感觉抢锤角度也有问题。最后在工友的指导下，慢慢地掌握要领和技巧，才顺利地完成了任务。记得还有一次，公司要在办公楼旁边堆砌一座风景假山。大家伙又开始忙碌起来，有的搭架子、有的准备石头、有的去拿起吊石头的葫芦。看着他们井然有序地忙碌着，我在旁却茫然不知所措。正所谓"人心齐，泰山移"，大家很快就把假山堆砌好。我从这两件事中感觉到：做任何事都要讲究方式方法和相互合作，只有这样才能达到事半功倍的效果。

公司在每年元旦都会组织专家及骨干以上、干部家属以及优秀员工上径山祈福的活动。在元旦前一天，公司会把所有人员送到径山脚下，可以选择徒步上山，也可以选择坐车上山，但大部分人还是会选择徒步上山。山间小道竹子和树木郁郁葱葱，空气清新，使人神清气爽，山上寺庙建筑气势宏伟，妙相庄严，让人肃然起敬。正是岁暮严寒时候，径山高而不胜寒冷，幸好公司帮我们安排了温暖舒适的房间以供大家休息。每年元旦的凌晨 12 点，董事长带着大家在大殿祈福，一方面迎接新年的到来；另一方面，祈求新年身体健康，家庭和睦，公司事业长久恒顺。在寺庙这片清净地，在庄严肃穆的佛像前，在抑扬顿挫的梵音里，滚滚红尘中的我们那一颗颗浮躁的心似乎也得到了洗涤。

公司在每年农历新年过后还会安排一次干部家长、家属酒会，董事长会给家属发红包，意在感谢家属在背后支持公司的工作。董事长在酒会开头一般会发表简短讲话，一边总结过去，一边展望未来，在感谢的

2021年1月1日元旦祈福午宴董事长和职工子女合影

同时也对我们提出新年希望和要求。席间大家觥筹交错，谈笑风生，孩子们则一边吃着美味佳肴一边嬉戏打闹，尽是一片欢乐的海洋。最后的抽奖环节把酒会带入高潮，有期待、有失落，更多的是兴奋。这样的氛围不禁让人感觉好像置身在一个欢乐祥和的大家庭中。古人云"安居乐业"，家庭和美，才能安心工作，也有助于公司的发展；又所谓"大河有水小河满"，大家的安居也离不开公司的稳健发展。

公司工会每年春节期间组织退休工友酒会、发红包，感恩前辈们为"人人"事业做过的贡献，也为了祝愿他们安享退休生活，每年一次的退休职工聚会亦是必不可少的大欢聚。即使现在的我还未在其中，却已经期待退休后和老友们或闲庭信步的走马观花，或在退休职工聚会上一起把酒话当年的景象。

2021年2月春节人人集团公司干部家属（长）午宴

2023年2月11日人人集团公司干部家属（长）午宴上董事长讲话

感恩作为重要的人人集团企业文化的一部分，公司种种感恩的举措潜移默化使我不断成长，成为有血有肉懂得感恩的人。

十几年来，公司让我感觉就像一个大家庭，不但提供了一份稳定的工作，还有着像家人一样的起居生活。就像公司领导所说的，这就是"人人"的企业文化和传统，必须坚定地做下去。是啊，公司如此的关心和爱护着我们，我们没理由不倾心尽力地工作。时值"人人"事业 40 周年庆，祝"人人"事业长久恒顺。

黄　彪

2023 年 7 月 2 日

一件 T 恤衫

5 月的天逐渐转热，五一劳动节是休息的日子，我睡了个懒觉。起床拉开窗帘，清晨的阳光透过窗户洒了进来，好一个晴热的天气。

拉开床边的衣柜，寻思着翻找件凉爽衣服穿，打开整齐的夏季衣物整理箱，一件浅灰色的珍贵短袖 T 恤衫映入我的眼帘，脑海中不由得浮现出 T 恤衫的往事。

记得 2015 年 8 月，传统夏休高温假，公司组织美国旅游回国后第一天上班的中午，接到董事长打来的电话，让我去他办公室。

"董事长您好！"我进入办公室向董事长问好。

董事长的办公桌上放着三件不同颜色的 T 恤衫，他拿起最上面一件浅灰色短袖 T 恤衫递给我，并投过亲切而慈祥的目光说："袁伟国，你试试这件 T 恤衫。"

我也毫无忌讳地脱掉工作服，光着膀子双手接过 T 恤衫，手感特别丝滑、柔软，穿上后感到清凉、舒服，也非常合身。

"感觉怎么样？"董事长问道。

我转了一圈后答道："长短刚好，很舒服。"

董事长仔细端详了下，脸上露出欣慰的笑容说道："好的，去吧。"

我换回工作服上衣，把T恤衫折叠好，放入董事长预先准备好的袋子里，向董事长道谢后回到车间，内心无比激动和感动。激动的是衣服购自万里之外大西洋彼岸美国Calvin klein（CK），并且是名牌T恤衫，很珍贵。感动的是我一名普通员工，董事长都能记挂心中，远洋旅游购买的衣服还如此合身。

之后的几天，我从一起去美国旅游的同事那了解到，此次董事长美国之旅竟未给自己买一样东西，都是为员工及员工的子女购买的衣服、鞋子、巧克力等物品。为了避免飞机托运行李超重，公司同去旅游的员工合理分配，设法分担重量，可想而知为员工购买物品要考虑很多因素、要花很多心思、时间和精力。此次旅游真的不轻松，还让公司之外不了解董事长的同团旅游人员误以为他是做生意的小商贩，但我们心中都十分明白，这是董事长对员工们的一片挚爱。

董事长对员工大方，自己却非常节俭，常年穿着一双布鞋，一个吃早餐的搪瓷杯使用了30多年；在工作上更是将一点点纸头都充分利用起来，董事长惜纸如命的精神，带领大家养成了勤俭节约的好习惯。这一种"润物细无声"的教导，是"人人"事业40年都能稳步发展进步的重要基石。

"日本经营之圣"稻盛先生最著名的理念就是"敬天爱人"。所谓"敬天"，就是敬畏自然、敬畏社会、敬畏员工、敬畏客户。只有抱有这种敬畏之心，才能激发每个人自身潜在的伟大力量，从而真正找到人生的价值。而"爱人"，作为企业家就是在追求全体员工物质与精神两方面幸福的同时，为人类社会的进步发展做出贡献。树立正确的人生观，并且尽力贯彻到底，这才是人生的王道，它不仅能够指引我们每一个人走向成功和辉煌，还可以给人类带来和平与幸福。这也正是稻盛和夫安身立命的哲学。

进公司时无法理解公司食堂里的锅盖、水勺坏了都要自己制作，按常理去买一个，最多十来块钱，但董事长要求我们自己做。找来废旧的铁片、不锈钢作为修理材料，锅盖、水勺各做了两天才修好，本以为维修可以节约开支，但光成本就已超过购买的价格数倍，还有锅碗瓢盆的修补等，令人颇为费解。

随着自己逐渐成长及对"人人"企业文化深入的理解，慢慢悟到了董事长的良苦用心，不惜成本地锻炼我们，给我们创造各种提升技能的机会。从锅盖、水勺制作过程中需通过数学理论计算、研究折边对接方法等，其过程就锻炼了板金计算知识、折弯技能，真正体现"授人以鱼，不如授人以渔"的真理。在这种理念的影响下，伴随公司的快速发展，降低成本，提高工效，满足市场需求，向开发自动化生产方向努力迈进，加强交流学习、开拓创新，不断积累经验，公司逐步具备了自主设计开发自动化生产流水线设备的能力，提升了公司的综合实力。技术提升无止境，在技术上还需不断学习突破自我，提升创新能力。

在董事长的引领下，我从钳工学徒开始，一步一个脚印努力学习、锻炼，取得了杭州市高级技师技能资格，从区技能大师升级为杭州市钳工技能大师。经杭州市遴选有幸参加 2019 年杭州工匠团公费赴美国培训学习，成为杭州市高层次 D 级人才。2022 年被评为拱墅区劳动模范，2023 年成为浙江省"五一"劳动奖章获得者。这些荣誉是之前我连做梦都未曾想到的，却一步步成为现实，其主要还是董事长的引导，就像夜空中的明月一样，照亮我一路前行。他是我生命的贵人，助我华丽的转身。

"伟国、伟国你在干吗？吃早饭了。"爱人喊道，顿时才让我回过神来。

"噢，马上来。"我将短袖T恤衫小心翼翼地放回原处，它在我心中可比什么都珍贵！

袁伟国

2023年7月2日

新冠疫情下保生产

年少时曾拜读过鲁迅先生的一篇文章，依稀记得是为了纪念几名烈士而创作的，浸染过墨香铜臭的我也已然忘却文章里讲了什么人什么事以及当年读书的心境，却牢牢地记住了书名《为了忘却的纪念》。

我也有些想忘却的、想记住的人和事，自然比不得崇高的烈士，但我也有一段足以载入民族史册、载入人人发展里程的共同记忆。值此"人人"事业40华诞之际，潦草几笔，以作为了忘却的纪念。

三年疫情恍如梦，九州传唱悲与歌。当九州通衢的武汉自我封城时，举国震惊，经历过"非典"疫情的我很快嗅到了不寻常的讯息，但依然低估了新冠疫情的强劲势头，还在为武汉人民祝祷以求平安时，全国口罩、消毒水、退烧止咳药等也成为了紧缺物资。这场来势汹汹的新冠疫情很快波及全国，以其不寻常的态势在热搜上居高不下。各省市一边以村、区为单位，纷纷拉起了红色帐篷作为抗疫联络点严控人员流动，一边应党中央、国务院的号召支援武汉抗疫，"大白"们全副武装地走上了抗疫第一线，雷神山、火神山也拔地而起。

国家对这次一级公共卫生事件采取的临时措施让新春佳节的年味少了些，却同时奏响了悲壮的凯歌——我们知道自己迟早会迎来胜利，却没想到等了三年。

三年时间不短，足以让我习惯了戴口罩，日常扫行程码、健康码出入村口、小区和公众场合，每三天调节时间去排队做核酸，听到有人咳嗽会如惊弓之鸟。可突然有一天当我走在街头看到那一张张没有戴着口罩的笑脸时，嗅到了久违的鲜活气的瞬间也茫然了。

三年时间也不长，当我又恢复了疫情前的生活节奏，"回家—上班—做核酸"三点一线近乎形成闭环的生活恍如隔世，又好像是平行时空的我所经历的，陌生中又透着一缕熟悉感。

我知道发生过什么，但我想忘记。

巍巍长城，念兹在兹。远的不说，就说我公司人人集团吧，作为江铃、依维柯疫情专用的负压救护车电器件供应商在最艰难困苦的时候也不遑多让，"疫情就是命令，防控就是责任"，公司领导奔走疾呼，做好疫情防控的同时千方百计地去克服意想不到的困难，力争做到泗安镇第一批复工复产，直接支援了全国抗疫。

那时疫情反反复复，各地之间交流多有不便。公司在2月2日正式收到了江铃汽车涉及负压救护车相关零配件的紧急订单后，2月3日就积极主动地向泗安镇和长兴县委作了报告，介绍了我公司复工复产攸关疫情防控大局。领导们也心系人民，肯定了我公司在疫情中恪尽职守舍我其谁的精神，同意了我们复工复产的诉求。不曾想翌日从杭州调拨泗安支援生产的一行骨干直接被拦截在了高速口。经过公司领导再三协调，县委领导经过评估后同意把人人宿舍作为隔离点，这一行12人到宿舍里进行两到三天的隔离后再出来指导复工复产的相关工作。

于是当前首要任务是要把公司的集体宿舍改成符合要求的隔离点，人人就地组建了临时疫情防控小组，摸排了宿舍情况后，分工协作，各司其职，迅速调配了医用口罩、消毒器械与药品、额温枪、口罩专用投放箱等一系列疫情防控用品，排班了每日定时定点给隔离人员测量体温和照顾三餐的联络人员，建立了全员健康监测和每日消杀登记台账。一切就绪后，这个隔离点当天下午就迎来了前文提到的差点要被拉去集中隔离的12名技术骨干，2月10日又陆续迎来了第二批外地返程的工友们。

一切看似忙中而有序，殊不知背后又有多少人为之付出了努力！因这不可捉摸的疫情，在首批隔离人员酣然入梦时，公司领导又接到了电话，称事情又有了反复，经县委防控领导小组讨论，必须隔离14天。

这多出的10余天不仅让被隔离的工友们有了画地为牢般的思想包

2020年2月7日疫情中的逆行者们——人人工友们复工第一天上班测体温

祆，也增加了公司临时防疫小组的压力。没有了杭州来指导生产工作的技术、质量等骨干，便有了诸多的困难，这支临危受命的疫情防控小组，在关键时候不抱怨、没露怯、也没掉链子，像公司财务科的李婷是一名会计，平时坐在办公室埋首工作，在这次疫情防控工作中迎难而上，协作宿舍临时门卫陈刚每天定时定点防疫消杀，接待各级领导到宿舍隔离点轮番检查，配合流调并上报员工身体状况和体温数据，对相关人员指出的不足之处立马落实整改。除此之外还主动学习防护知识，及时为隔离点员工排忧解难，缓解他们的心理压力；金工车间的吕存亮是一名生产骨干，在公司需要的时候也没有含糊，冒着被感染的风险充当着临时司机去车站接应返程的工友们；管理部的陈欢是一个普通文员，小小的身板也能扛住事儿，配合政府联防联控机制规整公司文件，同时和技术

2020 年 2 月 8 日时代的烙印——浙江人人疫情宿舍隔离区

科的蒋照炼等人轮岗助力厂区消杀工作……

我们的个人生活或可停摆，但滞缓主机厂负压救护车下线，可能会影响一个家庭的悲欢、一座城市的兴衰，乃至一个国家的安危！

董事长忧心忡忡，在和长兴县委领导汇报后，第二天一早和公司总经理冒着被感染和隔离的风险驱车赶到了长兴县，阐明我们作为下游供应商要配合主机厂的防疫急用负压救护车生产用的电器交付，再次表达了我公司复工复产攸关防疫大局的诉求。县委班子本着为一方百姓的平安负责的职责就人人复工复产的问题展开了再三讨论，在经过各部门审查评估后，敲定了我公司复工复产的议程。

然则更难的考验还在后面等着，如何保证生产过程中不交叉感染，如何保证大多数关键岗位人员不到岗的情况下保质保量保交期，如何保障这一大家子人的后勤需要……一个个问题接踵而至，亟待解决。

留守泗安的公司党支部书记曹萍萍，在其他领导因疫情而无法到位的客观条件下果断地挑起了大梁，不断地与杭州总部沟通、商量，在办公室辗转了多少个黎明和晚上，才将一团乱麻捋成线，搓成绳子，在做好疫情防控外还抓起并抓好了生产！

此时，公司培养了两年多的年轻干部们也经受住了特殊的考验，冲压车间的张明伟在金工车间人手不足的情况下敢挑重担，全身心投入高速冲床模具维修工作中，保障了机床的正常运行；注塑车间的储国鸿在部门领导忙上加忙时，深入一线操控机器，保质保量地完成了注塑件的生产；装配车间的蔡际喜和陈鹏在分管领导隔离期间当好"排头兵"，督导生产小组每个员工积极配合各项工作，保证了江铃等相关零配件能如期如数发货……

在公司内生产还算相对可控，可谁知送货又成了一条拦路虎。那时候街道上都没有烟火气，路上几无车辆，省内尚且都要凭借着特殊通行证才能通过各段路口。在省、市政府有关部门的支持下，杭州总部拿到了省内的特殊通行证，委派了司机师傅通过了层层关卡。我们的货车门窗上都贴着封条，司机不能下车，吃喝拉撒都要在车上解决，全程脱离异地接触。到了泗安厂区，我们这支临时组建的疫情防控小组再次发挥了建设性的作用，仓库的朱晶晶彻骨寒风中值守在厂门口，等货车一到立即消杀，在镇政府红马甲和大白的监护下装车零部件，司机师傅再送到杭州，确保了江铃、依维柯负压救护车在浙江人人这条供给链的通畅。

今天我们为之感叹，疫情肆虐时，谁不怕死？谁没有家人？"苟利国家生死以，岂因祸福避趋之"，国家需要驱使着人人集团赴险如夷，客户需要鞭策着人人领导、干部们激流勇进，公司需要鼓励着人人工友明知不可为而为之！这是挑起了国之大任！忆往昔峥嵘岁月稠，历历非能尽数也，但也总会有人记得，也值得铭记。这是中国安全防疫这片地图上耸立的新的里程碑，也是浙江人人发展史上着重笔墨而终将翻过的一页。

我记得，但愿你也记得。

张　磊

2023 年 7 月 2 日

"救命神器"AED
——爱心的善举

我们首先了解一下什么是"救命神器"AED。AED（Automated External Defibrillator）即自动体外除颤器，是一种紧急救护设备，通常用于心脏骤停的紧急治疗。AED是一种小型便携式电子设备，通常用于现场紧急心脏复苏，也被称誉为"救命神器"，它还有自动体外电击器、自动电击器、自动除颤器、心脏除颤器等称号，这种仪器可以诊断特定的心律失常，对患者进行电击除颤。

根据2020年央视新闻媒体调查数据，各国每10万人配有AED的数量：美国为317台，日本为555台，荷兰为695台，奥地利为544台，挪威为378台，丹麦为311台。目前，我国主要还是集中于一、二线城市，并且分布不均，北京市每10万人数量仅为10台，上海市数量为15台，配置远低于国际水准。

然而让人惊讶的是，人人集团有一奇特的现象，AED自动体外除颤器能像灭火器一样得到广泛配置、普及。

杭州"人人"、长兴"人人"，职工宿舍楼、行政楼、生产车间、公司大门口（对外开放窗口）各配置1台，共7台。平均每70人1台的配置比例，相信这配置在国内企业中为数不多。那人人集团为什么会有如此之高的配置呢？

那年，公司由于销售供不应求，为了满足市场订单需求，与劳务公司合作招聘劳务工，解决部分人力产能问题。2020年12月8日，一名50多岁赵姓女劳务工无任何征兆正常上班，参加车间晨会后，在装配岗位装配作业两三分钟后，突然趴在桌子上随之昏厥在地，多人叫唤、掐人中皆毫无反应。班长见状立即拨打120求救，同时车间、公司领导立马赶到，对其进行心肺复苏抢救（经过培训），并在120救护医生电话的指导下实施更加标准的心肺复苏措施，七八分钟左右120救护车到达公司将这名赵姓女劳务工送往医院。不幸的是，这名赵姓女工冠心病心源性猝死未能抢救过来，离开了人世。根据医院检查显示，此人患有严重的糖尿病、冠心病、高血压等病症。此事经三方协商后妥善解决了。

逝者已矣，但却给了我们警示。据了解，赵女士当时发生冠心病心源性猝死，患者心脏虽然还能运动，但没有正常脉搏，无法有效泵血。如果在室颤时用AED对心脏进行除颤，给予一定能量的电击，就有可能终止室颤的发生；同时配合高质量的胸外按压和人工呼吸，就有可能使患者的心脏重新正常搏动，恢复正常的窦性心律，或许有抢救成功活下来的可能。

医院专家表示，心脏骤停的病人中，85%以上是由室颤导致的。室颤只有通过电除颤才能消除，如果心脏骤停在1分钟以内使用AED除颤，抢救成功率高达90%。而在4分钟以内都能有效挽救患者生命，所以也有心源性猝死急救"黄金四分钟"的说法。抢救院外心跳骤停患者最有效的急救方法就是使用 AED 进行除颤和心肺复苏。在人口密集区域以及公共场所安装 AED，能够有效提高抢救成功率。

公司领导了解到 AED 是能在紧急状况下给病人争取到抢救的时间，使他们能坚持到救护车的到来，转危为安的一款设备后，就决定要在厂区添置这件急救装备。公司安排采购人员咨询并进行采买"救命神器"。采购部门了解到 AED 的制造由国外厂家把控，中国 AED 设备的采购一度依赖于进口，我国 AED 市场多年来却一直被飞利浦、卓尔医学、日本光电等进口品牌所垄断，售价居高不下，国内价格普遍在每台 3 万元左右，价格高昂也是使得这救命重器，没有被广泛推广的深层原因。

公司领导根据调查情况、看到"救命神器"普及率低下，十分担忧，更加坚定采购救命设备的决心，做到对公司员工生命负责。经多方咨询了解及结合公司需求情况后，决定采购"救命神器"AED 设备 8 台，2020 年底全部采购到位，公司共花费 20 多万元。并邀设备供应商来公司进行了使用培训，又请来了杭州儿童医院医师来公司帮助培训急救知识，还派人两次出去到省级大医院培训，公司员工培训率达 30% 左右。杭州、长兴两地根据生产场所情况合理配置，公司大门口通道边有明显的标识并安装 AED 的设备，公司大门口两侧墙上挂着"公司内有 (AED) 除颤仪紧急情况可用"的醒目标识，也为社会提供急救使用服务。

近年来，心血管疾病逐步呈现高发态势，有关猝死的新闻越来越多。据国家心血管病中心统计，有 87% 发生在医院以外的约有 55 万人死于心脏骤停。像我公司一样有社会责任感，重视、敬畏生命的企业、单位越来越多，相信在公园、商场、学校、车站等公共场所部署 AED 的普及面会更大。不久的将来，AED 能够覆盖我们大多数人，让患者的生命得到保障。

急救设备迈瑞厂家给人人公司人员进行 AED 使用培训

杭州儿童医院急救医生给公司员工进行心肺复苏、人工呼吸急救方法培训

公司大门口两侧墙上对外挂的"公司内有(AED)除颤仪紧急情况可用"醒目的标识

在这个学习成本不高的互联网时代，公司领导认为：紧急情况下能运用我们的知识、设备，来挽救一条生命，哪怕使用一次都是值得的，生命可贵是无法用金钱来衡量的。

公司的这种善举，让人肃然起敬，体现了满满的爱心，更成为我们心头的一股暖流。"这个世界将变得更美好"——这是对人人集团厂歌"爱的奉献"的诠释。

袁伟国

2023 年 7 月 2 日

奉献铸就忠诚，拼搏创造未来

甫进"人人"，对新环境还有些许陌生，走过一个又一个温暖的春，清凉的夏，收获的秋，寒冷的冬后，我被公司深厚的文化底蕴所折服。一路感动、收获、成长，在勤勤恳恳的工作中忠诚奉献，用拼搏创造未来。

回溯往事，那些年的记忆映射着同事们那一张张淳朴的脸，如一幕幕浓墨重彩的油画涌现在我的脑海中，不禁让我再一次被感动。

公司每年都会安排几个同事去舟山买海鲜。曾记得有一年我也有幸参与了此项工作。我们前期准备好了泡沫盒、冰块等装备，提前等在海岸码头边，为的就是能在渔船抵岸时先人一步买到最好的海鲜。那一年海鲜价格很高，公司高层领导凌晨 3 点多还打电话来关心此事，叮嘱不惜任何代价也要买回好的海鲜让公司员工们尝鲜。打动人心的往往是细微之处，领导心系工友，我们的心瞬间被熨帖得舒舒服服。同事们像打了鸡血似的，分工明确，效率极高，通宵就达到了想要的成果，立即赶回公司，在当天下班前就把海鲜分发给了同事们。虽一天一夜没合眼，竟完全没有感觉到累。很久后回忆起来都是一段非常愉快的经历，我想这就是公司文化下非同一般的凝聚力。

还记得那年我们公司建造"人人大厦"项目的围墙，公司领导亲临现场指挥队伍，一群建筑门外汉不仅一天内就搭建好了专业且牢固的围墙，还在红线周围一圈种植了青珊瑚树苗。"人人大厦"的施工方浙江一建观察了我们施工过程后给予了很高的评价：如此快速、井然有序、效率极高，一般的专业建筑施工队伍都无法比拟。他不禁感慨"人人"公司的人员很能干，值得学习和敬佩。从选材、动员到执行等一系列工作都离不开公司领导的决策，我想这就是在公司文化的指导下无与伦比的团队力量。

目光挪到"人人大厦"园区的泰山石上，记忆又回溯到园区绿化那一年。当时我们相中了这块高近10米、重约40吨的泰山石，还看上了边上这棵直径达70厘米的银杏树。我们在移植园区前找了一些专业的施工团队询问，总体评估施工非常困难，危险系数很高。听了他们的意见后，我们手足无措，公司领导考虑后决定自己动手。工程浩大而琐碎，我们多管齐下，从前期的石头基础到大树的基坑，从购买石头、银杏树到施工、吊装和移植，一天内完成了既定工作，不由再次让人感叹，叹服公司领导的胆大心细，敢于用人且善于用人。我想这就是公司文化下不同凡响的创造力。

每每看到公司30周年征文集中的《在耕耘的日子里》《流淌的岁月》《石头记》等文章，让人感动又备受鼓舞，千山万水、千言万语、千辛万苦、千方百计，这"四千精神"也为"人人"企业打下了深厚的基础和文化，更为新人树立了前进的榜样和标杆。对工作始终付出一如既往的满腔热忱，用持之以恒的坚持提升自身实力，秉承着爱岗敬业、拼搏奉献的工作品质,与公司同呼吸、共命运,展示出自己和公司自信的风采。

专家说一个企业,十年看经营、三十年看制度、百年看文化。"人人"事业40周年了,度过了多少风口浪尖和艰难险阻? 2003年暴发了非典、2008年炸雷了金融危机、2017年销售大幅度增长、2017年9月成立了浙江人人集团、2019年开发了"人人大厦"总部大楼的工程项目、2019年—2022年暴发了新冠疫情……时至今日我们还在稳健发展着,毋庸置疑地体现了公司实力,也诠释了公司管理制度和文化的优越性。

40年,是一道历史印迹的长度,记录着"人人"风雨兼程、开拓奋进、稳健发展的速度。

40年,是一次跨越里程的幅度,丈量着"人人"与时俱进、蓄势聚能、创新发展的力度。

40年,是一条岁月长河的刻度,标注着"人人"固本铸魂、勇担责任、和谐发展的温度。

40年,是一个奋进坐标的维度,承载着"人人"再启新程、扬帆逐梦、转型发展的高度。

40年睿智求索,创新致远。踏着时代奋进的旋律,"人人"在惊涛骇浪中,勇立潮头,乘风破浪,用智慧和力量创造出无愧时代的辉煌业绩!

40年潜心耕耘,企业蓄势升腾,蕴藏着强大的发展力。产业动力、创新能力、综合实力正比攀升,不断彰显着"拼搏的力量"。

40年匠心筑梦,"人人"充满着强势的竞争力,不断熔铸出"人人牌质量"。

40年苦心淬炼,"人人"浸润着强劲的影响力。结构、效率、动力变革协同并进,不断积淀下"沉重的分量"。

40年专心致志,"人人"洋溢着强烈的吸引力。文化、制度、品牌、人才、形象建设，不断厚植着"企业能量"。

40 年以诚取信，以信制胜。一个个高瞻远瞩的战略、一项项审时度势的抉择、一次次卓越非凡的创举、一场场攻坚克难的挑战、一个个落地见效的目标，清晰地映射出"人人"实体规模大、产业布局大、企业文化大、品牌价值大、运营管理大、团队建设大、社会信誉大的发展印记和奋斗成果。

让我们蓄势聚能，再启新程，为"百年人人"凝心聚力、步履铿锵，扬帆逐梦，勇毅前行！

程统波

2023 年 7 月 2 日

向善、从善

人人集团自成立以来，工友队伍中就有一群特殊的人，他们没有数字概念，有的连自己的年龄都讲不清。40年前的福利企业——杭州汽车电器厂接纳了他们，从此，这些被很多人认为是负担的人，成了我们人人大家庭的一分子！有了工作的权利，有了生命的尊严。

这些特殊人群在"人人"的生活是怎样的呢？让我们一起走近他们吧！

2020年12月16日，是"人人"事业的37岁生日。在大家热烈的掌声中，有名智障的工友上台领取了在"人人"工作30周年的证书和奖金。部门代表给他献花披绶带，他手忙脚乱抱着鲜花证书，喜不自胜，连连向大家鞠躬致谢。傻傻的笑脸却是世间最干净最淳朴的容颜。在"人人"，每年都会有这样的奖励表彰。每个在"人人苑"工作的员工，10年、20年、30年……都会在这一天获得证书和奖励，也包括这些特殊的人。他们也许不明白很多事，但他们懂得感恩，因为在这里，他们真正感受到了温暖，懂得了用自己的双手去创造属于自己的幸福。

30多年以前，"人人"建厂之初，街道要求工厂里建立工疗站，将社会上低智、轻度精神障碍的人集中管理。那时他们只能一起聚集在工疗站，躁动着并傻傻地等待时光的流逝。在工疗站，他们有的拿块布一点一点拆成丝；有的目光呆滞，几小时一动不动地坐着；有的拿着报纸认真"阅读"，边上还会围上一圈人一起看，但走近一看，却发现报纸是倒拿的……这个场景，时间长了，大家都习以为常。但有一个人却被此情此景触动了心。于是下决心改变：报告了街道，撤销工疗站，将这些低智人员分散到车间，让他们和正常人一起工作、生活。

很多年以后，大家还记得他当时说的话：只有让他们与我们正常人在一起，用正常的工作、生活秩序影响他们，不断接受教育，他们也能变成能自理生活、成为对社会有用的人。

没过多久，所有智障人员离开了工疗站，被分配到不同的车间，由班长、老师傅等进行一对一管理。不论是工作还是生活都有所涉及，今天的情绪、身体状态、穿着、工作内容……这个安排需要很多人的共同努力，要耗费心力去照顾这样一批特殊人群，甚至牺牲休息时间去仔细了解这些人员的家庭情况。与他们拉家常，尝试破冰，拉近距离。经常与他们的家长联系，告知身体、工作、情绪等状况，沟通处理异常烦杂的事情。尽管如此，大家一想到当家人当初的一番话语，都会意识到，有责任帮助这个特殊群体，为他们营造一个良好舒适的环境。这不只是对他们的个人帮助，还影响着他们背后的家庭，甚至社会。所以，眼前的一切辛苦都是值得的，这就是行善。

这些特殊的人员进入了车间这个全新的环境，充满着好奇。但因为缺乏教育与社会经验，当人生迎来了新篇章时，他们依旧以在家时的任性态度面对，所以管理难度很大。

要想办法能使他们快速融入"人人"这个集体中来。

很快，在大家每日观察、实践与总结后，我们找到了可行的办法——分配给他们力所能及的工作。例如：折小包装，将动作分解，一步步教。如此重复着，一段时间后，我们竟有了意外的收获，老师傅们教他们后，一些人不仅学会了，还越来越熟练，甚至会教其他人。自我感觉良好了，信心也提升不少，互动多了，逐渐变得热络起来。交流的隔阂被打破后，他们吸收知识的能力也提升了。在"人人"，他们真的变聪明了。

他们成长了！生活质量也得到了不断提高。在这样的关怀和照顾下，这些特殊的群体感受到了人间的温暖，他们的生活不再是无法等来信号的孤岛。他们从简单的工作中找到了乐趣，从与他们共事的人群中建立了深厚的友谊，从这个大家庭中汲取了智慧和力量。

他们的家长感动了！要给当家人和车间管理人员发红包！

"人人"大家庭的当家人笑着谢绝了，那是发自内心的微笑。

40年来，这些工友的家长们还是一如既往地对他们进行上下班接送，我都能从他们的眼睛中看到感激，因为他们能感受到自己的孩子在这里工作的开心与进步，同时在工作中得到了合适的社会化锻炼，现在的他们更为活络。在"人人"，公司为每个智障人员都参加了统筹、医保；每年加工资、有年终奖、节日发福利、免费餐。为了方便他们通行，公司还特别出资在门口的马路建造专门的过街电梯天桥——人人天桥。一些福利企业感觉招收残疾人，企业是亏损的，负担不起，所以几年内杭州很多的福利企业消失了，这些残疾人员又被推向社会、回归家庭……但是我们人人集团依然坚持办这个福利企业，坚持了11年时间，公司此举受到社会各界、各级领导的高度赞扬，这是真正的善行。

在"人人"这个大家庭里，每个人都是重要的，每个人都是值得被尊重和关爱的。在这里，没有弱者和强者的区分，只有人人平等的理念。这个大家庭让我们看到了人性的美好。作为特殊群体，他们的生命也因这个大家庭而变得更有意义；同样地，这个大家庭也因为他们的存在而成为快乐之家。

正如《人人赋》释义："人，天地之性最贵者也！"这群特殊的人也一样，我相信，他们在"人人"度过的每一天都是有意义的。因为在这里，他们每天都收获着关爱与温暖；每天都过得踏实且快乐；每天都能感受到家的温暖！

这是一个向善、从善的企业，天佑他40年能健康、恒顺地发展，"百年人人"必会成功！

袁红梅

2023 年 7 月 2 日

人人苑

在美丽的西子湖畔东隅，有那么一片绿地，那里的人们自强不息，用愉悦的心情在勤劳地耕耘着，他们在建设自己的未来，开垦美好的前途。她有一个美丽的名字——"人人苑"。

我是一个来自安徽山区的青年，我向往杭州，向往人人。

我很荣幸在2021年3月成为"人人苑"的一分子，在"人人苑"大家庭中深深地体会到了"家长们"的关怀、"兄弟姐妹们"的友善。大家庭使我感到莫名地温暖。每每想起，久久无法释怀。于是，我把妻子也引入了"人人"。

2021年12月，"人人苑"因疫情而被封禁。在这短暂而又漫长的13天中，人人苑的工友们同吃同住共进退。公司领导更是每天都在关心和激励着我们，想方设法地保障我们的生命健康，生活稳定；长兴泗安的浙江人人工友们也通过行动为我们加油打气。我更加坚信：困难只是暂时的，我们一定会拨开云雾见晴天。那段时间每天晚上一边在"大白"

的监督下接收采购的物资，另一边为了保证汽车厂配件能按时发货而不停忙碌，大家都踊跃参与，齐心协力。正所谓众人拾柴火焰高，从而也诠释了"团结就是力量"。12月21日是个激动人心、载歌载舞的日子，我们终于迎来了久违的解封。解封当天董事长更是霸气喊话："明天放假，一个不留。"这是一个非常值得纪念的日子。

2022年是我工作上辛勤耕耘的一年，通过自己的职业技能在供应商谈判中为公司创造了更大的价值，在订单执行上督促供应商按期交付确保车间正常生产，在零件入库前配合质量部门做好质量把关确保产品品质，在售后问题上落实跟踪供应商改进。2022年也是我收获的一年，12月25日被公司提拔为中层干部，这是公司对我的肯定和期望。说实话，按照资历我受之有愧。在感激的同时也深深感到了责任重大，是机遇更是挑战，无愧我从山里出来的决心！

感谢"人人"，也感谢每一位"人人"事业贡献者，让我们携手共进，筑梦远航。

项　圆

2023年7月3日

遇见你，成就我

如果把公司比作一艘船，我们便是同舟共济的舵手。在漫漫征程中，有无数的暴风骤雨，只要我们与公司同心协力，就能冲破种种险阻，驶向胜利的彼岸。我无比敬爱并拥戴着人人集团，无怨无悔地维护着公司的利益。在为公司的奉献实践中，在公司的关爱呵护中，我坚定着搏击风浪的信心，在挑战中成长，在成长中也见证了公司蒸蒸日上、突飞猛进的发展。

流年似水，弹指一挥间，公司已成立40年了。这40年是团结奋斗的40年，是励精图治的四十年，是开拓创新的40年，是用汗水灌溉40年。正是这40年的积聚，才成就了如今辉煌的"人人"。

我来到公司已经27年了。在这27年里，我见证了公司诸多重大事件和发展历程。熟悉的日子恍如昨日，公司逐年发展壮大，我也亲身体验到了成功的喜悦、困难的艰辛。在这27年里，我的人生也发生了很多变化，自己的能力也在实践中不断得到提升，我深刻感受到我与企业在共同成长，而这一切又与公司的不断发展密不可分。

田震的歌曲中有这样一句歌词："一切美好只是昨日沉醉，淡淡苦涩才是今天滋味。"曾几何时，我还是一个对未来感到迷茫，不知道明天该如何度过的懵懂少年，在苍茫人海中苦苦寻找自己的方向。从1996年8月我踏入"人人"的那一刻，我的人生轨迹便发生了变化。

初到公司，我也有过困惑与迷惘，在一个全新的环境中我曾想过退缩和放弃。幸运的是，我遇到了诲人不倦的领导与一帮真诚热情的同事，正是他们让我感受到人人集团不只是一个简单的团队，更是一个家庭，大家亲如兄弟姐妹。在公司，我感受到家庭的和睦与团结，也体会到了浓浓的亲情与温暖。也正是家人的鼓励，帮助我快速融入工作，并慢慢适应了工作的节奏。于是我告诫自己要加油，要努力，要对得起领导的信任和同事的帮助。因此我无时无刻不向身边的同事请教学习，认真钻研业务知识；利用空闲时间阅读相关书籍，提高知识储备；当然最重要的还应是做好本职工作，一丝不苟。

时间似流水，在长久的雕琢中，我看到了自己的变化：为人处世更自信了，待人接物更谦和了，思考问题更全面了，工作也变得更得心应手了……

下面回忆我今生难忘，永远鼓舞我、鞭策我一路前行的一些事情。

在公司的二次创业之际（人人集团新的厂房刚建成），当时为了绿化和美观，需要建一座竹林，要堆起很高的黄土。这一项劳动任务艰巨，但能锻炼人的意志。在公司领导的带领下，我们10多名年轻力壮的小伙子，凌晨5点就驱车前往余杭黄湖的大山里挖毛竹，移植回来自己种。来回将近100多公里的路程，但我们做这样辛苦且难度大的事却是非常利落的。大家上山后先挖好竹子，连根带土全部挖出，并且用稻草绳捆绑好，为了竹子能存活，周围的土都不能掉落，包扎好后抬下山，装上车运回。整个过程需要一整天的时间，等回程时，已快傍晚。全部过程都是董事长亲力亲为，劳动效率非常高。当时运回公司准备种上的时候，天开始下雨了，大家衣服都被淋湿了，却依然热火朝天地干着，大概只有部队的军人才有这样的纪律和意志吧！这就是"人人精神"的动力。大家衣服湿透了，董事长吩咐食堂煮了红糖生姜水，让大家喝下御寒，防止感冒。这种关心，润物细无声，让我们感动了，暖心了，信心更足了。董事长做事雷厉风行，对待工人更是无微不至，考虑问题全面细致，他是我学习的榜样。在一次次的突击劳动中，我学到很多，也磨砺了自己吃苦耐劳的品质。我认为这些品德，是无法用金钱来衡量的，这是我的精神支柱。我们大家一起动手建设自己的家园，对自己种的一草一木都非常爱惜，这就是我们的"人人精神"。

公司的企业文化追求完美和执着，给员工带来的福利丰厚，就是发点食材也是最纯正、最自然、最好的。例如：公司发放的海鲜是公司员工驱车前往舟山海鲜码头蹲守一夜，等渔船回港直接购买的第一手鲜货。公司每年给员工发放的湖蟹，也是当天下午驱车前往阳澄湖湖蟹区，开上蟹农的捕捞船去湖中打捞，而且要坚守一夜，打捞并运回的。有多少企业发放福利能够做到如此尽心尽责？这些感人事迹在人人集团有太多太多……

这就是"人人"的企业文化，"人人"的传承，有这样用心的企业领导，员工有什么理由不善待企业呢！

疫情三年，很多大学毕业生都是入职无门，大家感到的不仅仅是迷茫，更看不到前景。就是在这样的处境下，我们的公司，依然很稳定地运作；我们每个员工的衣、食、住、行品质也不断提升，我们有了更安心的环境。

是人人集团给了我一个起点，让我开始飞向自己渴望的天空。

我们每个人在为"人人苑"奉献着青春和智慧的同时，"人人"也在为我们提供自我发展的空间和实现自我价值的平台，同时为我们的生活提供良好的保障。我一次次告诉自己，能在这样状态良好的企业里工作，怎能不去热爱，怎能不怀着一颗感恩的心去加倍努力工作呢？公司给我们提供发展平台，我们再不断地把学到的理论知识应用到实践中去，我们积累了越来越多的工作经验和人生阅历，在工作中去实现自己的人生价值。我们感谢企业给我们这样的支持，用它的伟大去改变我们内心的渺小，让我们可以用自己微薄的力量去对抗那未知的命运，去改变自己的人生。

我觉得我们没有理由不去做这样的思考，责任和真诚的背后是感恩。我们要努力积极地学习，为企业增添效益，也为实现自己的人生目标不断奋斗。我们应该感谢企业，给了我们学习的机会，让我们长大成熟，给我们发展的空间，更感谢企业为我们指明前进的方向。用感恩的心化作报效企业的具体行动，为公司腾飞贡献自己的力量。

感恩是一种美德，是一种态度，是一种信念，是一种情怀，同时也是人生的一种使命。我学会了用一颗感恩的心去对待给我希望和方向的"人人"。

"人人"的精神，永远是自强不息，敢为人先！

荣誉承载过去，开拓旨在未来。40年风雨已成为过去，40年征程岁月留在心底。我或许没能经历公司创业的艰辛，但我却有幸目睹公司腾飞的历程，有幸亲历公司40年庆典。今天"人人"40岁了，对于我们来说，又是一个新的起点，要走的路还很长，要翻的山还很多，要实现的目标还很远……在以后的日子里，作为"人人"的一分子，我将恪尽职守，为公司的宏伟蓝图添一分色,加一笔墨,祝福公司承载着所有职员的心愿,再创新的辉煌!

  40 年对于一颗种子而言,是从破土而出再到长成参天大树;40 年对于一个孩童而言,是从青涩懵懂到睿智不惑;40 年对于一个企业而言是横空出世到走向繁荣。40 年前的一颗火种伴随人人集团在老一辈汽车电器厂人的共同努力下,在希望的大地上璀璨绽放!

林雪根

2023 年 7 月 2 日

情怀点滴

近日，听说离开公司 20 多年的章火星要回公司上班了。一些新工友都感到惊讶，我们想想是不难理解的。章火星曾在公司供应科和服务部上过班，结婚后回老家临安。这些年来在社会上辗转多处，漂泊不定。现在看到公司 40 年来发展稳定、壮大，所以如今又想再次回到"人人苑"这个大家庭里。

昨天，他来到公司与一些老同事聊天，谈及公司以前的一些细节：那年公司去他临安老家挖毛竹到公司来种，那辆货车的车牌号他还记得……他说得很有亲切感，听的人就不难理解他对公司的感情和安全感了。

公司 30 周年征文集中有一篇文章写到公司收废铁的老板和收废纸的一对老夫妇，与公司董事长的亲切随和的关系。又是 10 年过去了，这收废铁老板已经叫他儿子接班，把公司在长兴办的浙江人人的废铁业务也包干了。他说："你们公司正气，与你们打交道放心、开心。"而这对收废纸的老夫妇，只是耳朵有些背了，每周两次的一早来我们公司自己整理废纸板、打包、称重，中午在公司食堂吃了饭，再一大车的拉回去……在社会上纸板回收价格上涨时，他们也会主动提出涨价收购。这些人都愉快地与公司合作。这不仅仅是生意上的关系了，这里面产生了信任和感情。

我还感到，公司董事长的一些老领导、老朋友，如：浙大的黄教授、区人大的周书记、记者万老师等人，看见我们都认识，都叫得出我们的名字。一声"小夏，你还在公司做啊！"温暖了我的心坎。董事长的朋友都是几十年不变的，也影响了我们，我退休了，返聘在公司发挥余热，公司还有好几个人和我情况差不多，因为公司里有我们的情怀。

每年春节前后，公司工会都会组织退休的工友聚餐一次，公司领导向他们通报公司一年的工作情况，听听他们的退休生活，每人发一个红包，金额也和公司取得的进步一样年年增长（近千元了），这些退休工友的晚年生活多了许多乐趣，他们说"这个做法十几年不变，是其他企业所没有的"。

今年暑假公司又同意 17 岁以上的工友子女可以来公司勤工俭学（拿劳务工一样的小时工资），这个举措深得公司工友的赞扬，他们的子女每天在公司上班，守住了心，学到了公司的纪律制度和文化氛围，这个比一人在家里看电视、玩手机好百倍，家长放心多了。

点点滴滴，公司的人文环境，人与人诚恳的关系，深深地刻在了每个工友的心上，营造了公司的善良氛围，也是公司 40 年来一直长盛不衰的原因之一。

我爱"人人"！

夏玲莉

2023 年 7 月 27 日

祝福诗词
征文集锦

我　们

初春共邀上仙都，
浮光掠影山水拖，
寻仙问源黄帝祠，
倪翁洞前石刻观，
朱谭桥边等老翁，
小巷深处烧饼多。

盛夏相聚四明山，
山路弯弯碎骄阳，
煮茶轻谈夜微凉，
三言两语笑声长，
无意寻得古村落，
深溪桥上话家常。

深秋又约香泉湾，
山间美墅惹人爱，
观景台上秋意浓，
深红浅黄天地悠，
大树底下美食多，
突遭隔离情尤深。

寒冬再聚古钱塘，
谈笑观潮一线牵，
江边漫步雨伴行，
峡石感叹志摩楼，
亭台楼阁今犹在，
才子佳人已远游。

唯有很深的缘分，
方能持久相见！
愿我们四季欢喜，
贺"人人"四十周年！

供应商 快乐妈
2023 年 7 月 2 日

一起，再出发

跨过千山万水，我与您相遇，
在寒风凛冽的日子。
您张开双臂，将我拥入怀中，
让我懂得您也是家。

我未曾见过您的风雨历程，
四年已让我读懂您的往事。
四十年前，您在杭州拔地而起，
筚路蓝缕，却留下辉煌的记忆。

今天，再一次迎来您的生日，
时光承载着您最初的梦想。
泗安是您新搭建的舞台，

我们挥洒汗水续写了新的华章！

我愿激流勇进，
让青春汗水化成无穷的力量。
我愿与您一起，再出发，
迎着风雨，笑看沧海，托起大写的"人人"！

刘　勇

2023 年 7 月 2 日

"人人"有喜

卅年风且雨，二圩再峥嵘。

杭泗苦琢磨，四次创业中。

亥猪欢凝聚，卯兔喜相逢。

寒风吹不尽，人人立新功。

张 磊

2023年7月2日

怎能忘

2013 年 3 月，市汽车工业协会组织去四川地震灾区后期走访，我参加了。那天到了四川绵阳，我告了假，去了心仪已久的一个神圣而又神秘的地方，大山里的中国工程物理研究院（社会上俗称的九院）。

那里是我四姐夫和四姐工作多年的地方。

20 世纪 60 年代初，我的四姐夫是湖州菱湖的高考状元，被哈军工招生去，毕业后直接被分配到当时只知道在青海一个只有信箱号码的部队。后来知道是参加了中国第一颗原子弹研制工作。多年后才知道又搬到四川绵阳的山里面，当地老百姓说法：火车开到山后一下子没有了（一个角度很小转弯），在这个深山区里，数万人组成的科研单位（九院），在保密要求下，几乎与世隔绝。

1976 年我姐姐也经审查同意，从杭州调入了四川山里的九院，与姐夫一起生活、工作到 2003 年退休回杭。

解密后大山里的风景

后来我弟弟乘出差也探望了他们，姐姐乘了基地的车去外面集市赶场，从农民处买了一只7斤重的野生甲鱼，才24元。那时回来讲，更激发了我很是向往去实地看一看的愿望。

我去的时候，社会上已经公开了这个九院的性质，而九院下面的一所，即"流体物理研究所"是九院的核心所，我姐夫、姐姐就是在这个所工作。

那天，一所的刘所长亲自驾车把我接到了所里，坐下不久我就提出要去山里面看看，于是刘所长叫了司机，由他的夫人陪同前往，我们开车近两小时，在山里转来转去后终于到了那个叫"梓潼"的地方。

下车后放眼望去，四面不高的几个山坡上坐落着一幢幢三四层楼房，楼房看上去就是普通的建筑物，没有贴瓷砖什么的。

　　由于这些房子已经空闲 20 多年了，显得有些荒凉，附近的少数农民在房周围空地上种菜。我在荒芜的小路上缓缓走过这一幢幢的楼房，看了他们工作的办公楼。尽管预先我已听说这个环境的艰苦，但是亲临其境，这么多高学历的知识分子为了国防科技，就在这封闭的山沟里、在这简陋的环境中工作、生活了几十年，真是让人感叹。他们每天从这个山坡的宿舍出来走到另一个山坡的办公楼，晚上几乎都加班干到很迟才下班，再回到这宿舍楼。每天的工作压力是那么大，肩上挑的担子是那么重，是为了国威，为了中国人在世界上的话语权，都默默地在这山沟里奉献着青春，无怨无悔，他们是了不起的共和国英雄。刘所长夫人带我到姐夫他们住的那幢三层旧宿舍楼前，没有空调（夏天温度不高），冬天雪大，没有暖气。我姐夫的职称高，分配到了三室一厨一卫，生活属中上水平。我驻足凝视许久，眼泪止不住往下流（此时我的四姐夫退休回杭不久患了癌症，与世长辞了）。我感谢九院领导在我四姐夫逝世后在他的墓志上写了赞誉度很高的悼文（杭州市政府领导特批把他安葬在南山公墓）。刘夫人介绍说：生活上国家还是很重视的，逢年过节有整车皮的海鲜等副食品拉过去，每户人家都能分到。有专门的职工子女小学、中学，每周两个晚上放露天电影。我记起，1980 年，我四姐夫的哥哥嘉兴公安局的领导，因病早逝，四姐夫请假奔丧。因保密原因，也只准他一人带儿子奔丧，我的姐姐不被准假。火车乘了两天一晚才到上海。所长夫人又陪我去看了远处另外一幢二层的小别墅，也是人去楼空，这是邓稼先院士工作、生活过的地方，他在这山里面一直在一线工作，直至英年早逝。离世后才得到属于他的荣誉，中国"两弹一星"之父，九院院长，对中国的国防工业做出了巨大的贡献。我感觉，这大山里许多英雄让人记挂，让人缅怀，还有更多的无名英雄，我们也不应该忘却，他们为祖国、为

背景是造原子弹专家们住的家属宿舍

人民一辈子默默贡献在国防一线，他们没有人向组织讲条件、提要求，真是伟大的人民功臣。

离开时，我再三回头望山头，这些空闲而有些破旧的楼房，我知道，这辈子不会再来此地了，心情比较沉重，有些惆怅。

回程的路上，经过有名的七曲山大庙，是指禅功海灯法师住持的庙宇，我们进去看了一圈，我没有兴致去深看。回杭后，有好几次我都在公司里和朋友介绍这次的绵阳山里之行，我告诉他们，中国真正的脊梁骨是在大山里形成的。

后来刘所长给我写信，说他一家三代都在山里（包括绵阳）。他写道：此生有此为，足矣；此生有此修，幸也。这是一个共和国制弹人的"三观"，让人敬佩。

郭长财

2023 年 7 月 16 日

征文节选集锦

　　与"人人"短短 12 年相伴，一起走过青春懵懂，欢笑、眼泪、热爱、坚守，一起成长，从形单影只的外乡来杭打工人，慢慢组建了自己的小家庭，也拥有了自己的女儿，日子不乏摩擦，但快乐，温馨。2021 年我的女儿该上小学了，因我们不符合条件小孩无法办理杭州居住证，公司领导知道情况后通过想办法打报告争取政策，最终成功办理了居住证。9月我女儿也顺利地在杭州读上了小学，并且公司又统一安排汽车接送孩子上下学，所以她也和其他公司员工子女一样，亲热地叫董事长为"师傅"。我和我老婆都没有了后顾之忧，为了我们的希望而辛勤耕耘。

曹益平

　　三年疫情，对于我个人而言的多次封控，其间有过忐忑不安、惶恐、焦虑，也有感动、欣喜和放心。惶恐、焦虑是处于对公司的担心，生怕因此而不能完成生产任务而耽误工作，但是公司领导给我吃了定心丸，让我放心公司的安排，同时工友们的凝聚力也让我感受到前所未有的力量。正印证了那句话"人人为我，我为人人"，只要人人都献出一点爱，世界将变成美好的人间。

杨雪春

1994年杭州汽车电器厂兼并了位于东新路588号的杭州计量仪表厂，那时候生产不算太忙，晚上不用加班，晚餐后车间主任就带着我们班组长，开着车、蹬着三轮车到东新路588号计量厂的厂区内，厂长亲自挂帅，"人人苑"的兄弟姐妹们一起拆旧房、削砖、搬砖、运杂土，经历了很长一段时间，把计量仪表厂进行了一番大改造。不论是公司领导还是员工，老的还是小的，都坚持劳动到20点以后回家。劳动虽然既脏又累，大家仍然兴致很高，因为我们知道，我们的付出是在创建更美好的未来。

洪育兰

我们公司从小做大，从细节做起，将人人牌做大做强。想做大事的人很多，但愿意把小事做细的人很少；其实，我们不缺少雄韬伟略的战略家，缺少的是精益求精的执行者；也绝不缺少各类管理规章制度，缺少的是对规章条款不折不扣的执行。中国有句名言，"细微之处见精神"。

细节，微小而细致，在市场竞争中它从来不会叱咤风云，也不像疯狂促销策略，立竿见影地推动销量飙升；但细节的竞争，却如春风化雨润物无声。一点一滴的关爱、一丝一毫的服务，都将铸就用户对品牌的信念。

吕　军

最让我感动的是，每年春节放假，从下午 5 点半开始到很晚，甚至 22 点以后都能看见董事长在公司门口目送一个个员工离开公司回家过年的情景。这让我想起每次离家远行时父母站在村口目送我远行，非常相似，很容易让人落泪。

每天董事长都在细节上让我们深深受教，无论是工作，还是生活，抑或是人情世故，作为"人人苑"的一员，我知道自己不但在成长，而且在扎根。因为我知道，有我们董事长在，我们就有东西可学，就一定会成长，无论是工作还是生活。

祝华丰

印象特别深刻的一次是总公司的二车间要搬迁到新公司，因为现场好多东西需要从楼上搬到车子上运输过去，那天我也参与帮忙搬运，一到现场我们就紧张有序地干起来，结果干到中午突然下起了大雨，此时我们面临两个选择，一是今天不搬了，等天晴再来继续搬，可这意味着影响第二天的生产；二是顶着大雨继续工作，直到完全搬完为止。现场的工友们毅然决然地选择了后者，于是我们顶着大雨，终于赶在下午3点前搬完所有东西，这时我看看身边的工友，个个都浑身湿透，狼狈不堪，可奇怪的是，大家个个都面带笑容，俨然一副如释重负的样子，这一刻我被深深地打动了，忘记了工作的辛苦，忘记了肚子的饥饿，忘记了浑身被雨水浇透的冰冷，有的只是阵阵暖意和感动，我明白了原来劳动可以这么充满魅力与光荣，就是这么一个坚决的执行，保证了后续车间第二天的正常运行。这就是我们"人人"精神，值得我受用终生！

胡　玉

尽管工作较为烦琐，但我依然坚守着认真负责的工作态度，尽职尽责并且乐在其中。后续又被调动到采购一科工作，分管供货商来货入库，以及及时督促供货商按照每月订单发货的工作。这便是我与"人人"相遇相识的故事，而"人人"也见证了我人生中许多重要的阶段。我从一个懵懂无知的青年，到为人夫，再到为人父，直至今日的"白头"，都是"人人"陪我走过的。再回首，时光荏苒，岁月静好！

郑志虎

我觉得自己的成长变化，一切都离不开公司给我提供的平台，这是一个能够施展才能的平台，我想我为企业努力工作、创造效益的同时，企业也在为我的成长提供舞台，我从心里感谢公司，公司教会了我许多，让我实现了从认识企业到了解企业再到感恩企业的根本性转变。

我在公司工作了 12 年，早就把公司当成自己的家了，班组的机器我每天都要检查一遍，每天不看它我还真不放心，一个指针的微小变化，一个螺丝的轻微松动，我都能及时发现并维修好，确保班组每天开班前机器的安全运转。我的岗位虽平凡，但我却满怀热情；我的职位虽不高，但我却恪尽职守做好工作。我以公司为家，愿意为公司的发展奉献自己毕生的力量。

毛潇潇

人都是有梦想有追求的，特别是人人大家庭的家人们，大家为了一个共同的梦想日夜奋斗在各自工作岗位上，兢兢业业、一丝不苟、全力以赴。40 个春夏与秋冬，见证了"人人"的茁壮成长，我坚信 40 年磨一剑，蓄势待发，人人集团的舞台会因为我们自己的努力奋斗而更加美丽，更加灿烂多彩。在"人人"这个舞台上，不论是过去、现在还是将来，我都将更加尽心尽责地在平凡的岗位上奉献自己，与"人人"一起成长。后面的工作还有很多，明天是什么？明天的明天是什么？我们都无从知晓，也无从把握，但只要能够努力付出，视公司的目标为我的目标，我们就可以创造更辉煌的明天！更辉煌的"人人"！

吴小虎

过去已成为历史，展望未来，要想人人事业在激烈的市场竞争中立于不败之地，我们大家都要有主人翁的精神，主动承担起与公司共同成长的责任。现在，我们已经迈出了和公司共发展共提高的步伐了，后面的工作还有很多，明天是什么？明天的明天会怎样？我们无从知晓，但是只要能够视公司的目标为自己的目标，就会迈出坚实的前进步伐。让我们期待明天，明天的人人会更好！

邹华兵

我在公司已有10年了，有人问，你为什么能在这个公司待这么久？对于我们农村人来说，一个小孩想在城里读书真的很难很难。那年我准备辞职带儿子回老家上学，后来车间领导知道这件事后马上向公司领导汇报，公司领导多次想办法去争取政策，经过一段时间的努力，终于得到了好消息，说儿子可以在杭州上学了，当时的心情太激动了，一定要好好感谢公司领导为我们的付出，一定要好好地在这里安心上班。

严红凤

记得那是一个蒙蒙细雨的早上，测试中心的工控机坏了，又着急用，我就先放下手头的事，匆忙去电瓶车棚推电瓶车出去修工控机，刚从车棚出来到人人大道上，恰好遇见我们的当家人董事长去办公室，他看我有点急，说了句"韩磊，骑电瓶车在外面一定要注意安全！""好的，谢谢董事长！"我回应道，当时心里暖洋洋的，感觉一股暖流不约而同涌上心头,像我们这样常年在外打拼,经常不在父母身边,听到这样被关爱的话语别提有多暖心!感恩相遇!

韩 磊

　　我们员工之间都像朋友一样互相关心,互相帮助。员工视公司为家,公司视员工为家人。不管公司遇到了什么困难,公司还是坚持给我们员工每年两次增资,从没有因效益下降而放弃给员工增资。夏休假期间安排员工去旅游,员工家里遇到困难或家里人生病,工会组织慰问,无不体现人文关怀。

　　员工视公司为家,我们的电动车停车棚、5楼的楼顶会议室,泗安新公司基建,人人大厦的绿化,6号楼的翻新,无不体现我们大家的主人翁精神,大家积极响应号召,不管刮风、下雨和严寒,用自己的双手为公司做自己力所能及的事,不仅为公司节省了费用,而且保证了质量和工程进度,更体现了我们自力更生、艰苦创业、视公司为家的主人翁精神。

章春钟

　　我始终坚守着"人人"对于产品质量的高要求,坚决把好质量关,不让任何一个不良品流到主机厂,守住产品质量这一企业生命线。

　　回顾在"人人"工作的10个年头,我深深体会到了"人人"以人为本、积厚与创新的企业文化对于员工的影响，不论是工作上的问题还是生活中的困难，大家都能够主动伸出援助之手。"人人"对于员工的关心和帮助，激励着大家努力工作，领导们也十分关注员工的个人成长和发展，这种和谐温馨的氛围使我始终心存感恩。在学习专业知识和技能的同时，我也不断从同事和领导身上汲取长处，不断成长和进步。

胡美芳

点烟器所需配件内筒，急需一种功效高、成本低、性能可靠、质量稳定的模具。我找出了过去他人设计的优点和不足，对模具重新设计，改为用机械手送料、多工位的级进模，解决了模具装卸频繁、维修困难等问题。该模具设计合理、性能可靠、质量稳定、自动化程度高，能有效起到提高功效、降低成本、减少质量隐患的作用。

往事如烟，回忆起来历历在目。曾经有那么多的人和事，让人刻骨铭心，令人感动！

邢樟位

我发现这里的人和事是那么的与众不同，让我感触最深的是我们人人艰苦创业，不讲条件、不惧困难、顽强拼搏、无私奉献的精神，在这里工作大家都会互相帮助。工作上繁忙，我们一线员工工作中你追我赶，流水线上大家干得热火朝天。我作为一名新加入公司的员工，刚开始感觉比较吃力。但是身边的老工友们在完成自己工作的时候就主动来帮助我，这是我出门外出打工以来头一次感到很温暖。有时因发货需要大家帮忙，我们就会在下班后主动留下来，直至完成当天的发货任务，所有的人都会互帮互助，这种感觉就像回到了自己的家里一样。

王仁亚

对于公司的大多数员工来说，我们都是默默无闻的普通人。虽然没有惊人的业绩，没有耀眼的光环，平时也许不善言辞，从不认为自己能做出贡献，按时上下班，遵章守纪，努力工作，十分平凡。但就是在这些普通员工身上我感受到一种敬业奉献的执着追求。当这些普通员工肩膀上的职责凝聚起来的时候就汇成了整个公司的职责，使公司发展顺利、稳定。

郑　淀

而今，我静静地坐在电脑前为纪念公司成立40周年留下自己的感想。虽然没能赶上公司的诞生，但我却有幸经历"人人"的40岁生日。在这40年中，"人人"的变化与取得的成绩让人惊叹，让人欣喜。

"人人"风雨兼程40年，秉持着"长盛不衰"的精神，我们已不再脆弱，留下的只有刚强；我们已不再迷茫，眼神中充满了坚毅的目光；我们的梦想不再遥远，而是已开始飞翔……"人人"事业40周年生日快乐。

张淑芳

2010 年我被调到了线切割岗位。刚开始以为线切割很简单容易，只是通过电脑制图、编程加工，没有多大的技术含量，但现实往往会给你狠狠地上一课，加工的零件有时并不能达到模具工要求的技术要求，这让我有一种挫败感。师傅的一次次注目，一声声的关怀，让我感到羞愧，同时又给了我鼓励，也让我下定决心一定要学好线切割技术。通过学习，我慢慢掌握了技能。看着加工出来的一个个零件和一副副模具达到了要求，我感到欣慰，也有一种成就感，但同时也明白了一个道理，做人和做事不能粗心大意，不能眼高手低，必须一步一个脚印，脚踏实地。

十几个春秋，几多汗水，我常怀着对公司的感恩之心，辛勤工作，即使受到了挫折也不改初衷，因为我喜欢这样的事业，爱这样的公司。在这日新月异的时代，是公司为我提供了展示人生价值的舞台。

李　敏

每年厂庆和司庆的时候，我看到黑板上展示的人人起步、创业及辛勤挥汗如雨的劳动场面等各种照片时，心里总是久久不能平静。脑海里浮现出曾经的往事，岁月如梭，我们现在还有什么理由不再勤奋努力工作呢。

我作为一名人人的老员工，一定会跟着"人人"的步伐与人人同成长共成功，为实现"人人百年企业"的目标奋斗终身。

奋斗吧！"人人苑"的兄弟姐妹们。

祝建华

作为公司的一名专职司机，我经常有很多机会跟董事长外出，董事长每次都会提前问我走哪条路线，有时他会根据自己的经验来纠正我们，告诉我们应该这么走，等等。等我开上了高速以后，我一直在超车道上行驶，董事长这时候就会告诉我："超车道不一直占着，超完车以后应该要回到行车道。"当时我听了，心里还是挺难为情的。

"人人精神"一直支撑着我们砥砺前行，鼓励着我们克服困难。这种精神也是我在公司的前辈们身上看到并学习到的，公司大大小小的事情他们都勇做先锋，给我们树立榜样，任劳任怨，无怨无悔。我下定决心，在我退休前的几年间，我将恪尽职守，全力以赴，不负人生中这段与人人一起成长的美好时光。

何新华

时光流逝，我在"人人苑"已经走过 18 个春秋，我的青春都是在人人集团度过的。从一个不懂事的小姑娘到结婚生子，我已经把这里当成了自己的家。 我们将继续坚持理念，弘扬优秀的企业文化，不断创新，不断追求卓越。

我愿意在"人人苑"一直工作和生活下去，希望"人人苑"的花永远是香的，"人人苑"的水永远是甜的，"人人苑"的天一直是晴的。

汪利华

记得刚上班的第一天就感觉这里环境很好，人又热情。在生产线上看到的和我过去经历的完全不一样，领导和员工都在一起干活，让我很是惊讶，我在别的工厂干过活，从没看到过领导和员工一起干活，这点让我感到公司的作风很好，让我打心底里佩服和喜欢。

史双红

30年前，我们驾驶员和采购人员开了大货车去嘉善买边角料，晚上才回厂。董事长一声招呼，全厂齐心合力，在他亲力亲为的带领下，不到半小时就卸完了一车3吨多的材料。

3年的疫情过去了。而我还能经营好一个小家，没有受这波疫情的影响，全靠人人集团这一坚强后盾，我十分感恩。

崔 奕

我们都是追梦人，有梦想就必须有追求。

生活的理想是为了理想的生活。有理想就会有压力和动力。这样为理想而活，人生才会过得精彩，没有什么比这更有意义的事情了。

干晓浩

纵观这些年企业之所以能在市场上取得突飞猛进的发展，除了国家政策及公司员工努力、勤奋工作之外，我想还有一个重要原因，就是我们拥有一群能征善战、富有服务意识和奉献精神的领导，这是人人事业长盛不衰的精神财富。十几年来，正是基于多位领导的悉心指导和支持，正是基于各位亦师亦友同事们的关心和帮助，我在业务员这个岗位上才取得了一点点微不足道的成绩。

张海柱

27 年前的一天，我背着旅行包踏上了旅行的列车，来到的第一站也是最后一站的"人人苑"，我在这一站走过了一个又一个的春夏秋冬，这一站今年正步入第 40 个精彩的四季，这一站的风景也承载着我人生的喜怒哀乐！

来"人人苑"的第一天，我就被安排在食堂，向各位师傅学习食堂的各项工作。我很欣慰自己能进入"人人苑"，我是不善言辞的人，老实本分得过了头，在以前工作的地方多少会被人明里暗里挤兑，但是这里完全不一样，彼此之间真诚以待，眼里看不到半点算计的成分，所以我安心并快乐地把公司当成了家。

沈晶强

2022 年 12 月 21 日，下午 1 点钟，公司在大门口举行简短的解封仪式，疫情封控指挥部宣布：杭州人人集团新冠疫情隔离管控结束，现在正式解封！人群中响起热烈的掌声！公司大门外的隔离铁栅立即全部搬掉，隔离在外的郭力为总监开车带着车队从马路上缓缓开进公司。工友们都是十分开心，特别是几个小孩子，在大门口跑进跑出。终于又可以上学了！电视台也对公司的解封仪式进行了现场采访和报道。隔离13天，给大家带来了焦虑和不安，但是我们在公司领导带领下，克服了各种困难。在隔离期间，既要严格按疫情封控要求做好疫情防控工作，又要有序组织公司工友开展生产工作；及时保障汽车厂生产的电子配件，还要保障大家的生活正常，实属不易，我会永远记住这般有意义的日子。

张有华

　　封控的第二天，领导一大早就吩咐我们财务科到鱼塘边的竹园里挑好的竹子砍来搭架子，给工友们晒衣服。当时我在想，领导肯定一个晚上都没睡好，一直在考虑着工友们的生活吧，这么细节的事都能想到。开始行动！为了防止竹子上的毛刺把衣服勾破，我们科长挑粗的竹子，然后我们把叶子、枝丫都修剪干净。科长还把每根竹子长短都用锯子分割得整整齐齐，锯好以后用打包绳捆扎好。我和科长一前一后再把成捆的竹子抬到7楼顶。真佩服科长，年龄虽大上楼梯还是健步如飞，面不红气不喘。抬到楼顶，我们将架子搭起来，每个搭接点都反复检查保证紧固。科长她开心得像个姑娘，"这样再重再多的衣服晒上去也不会倒下来"。楼顶上阳光明媚，工友们晒衣服的问题解决了。这样的"生活小事"，也是我们领导眼中的大事，可见他们对员工生活多么地关怀备至！

洪新珍

一场没有硝烟的全民防疫战打响了。我们——杭州人人集团有限公司积极投入到这场战斗，参与了江铃疫情期间专用的负压救护车零部件生产。作为杭州市第一批复工白名单企业，尽管很多员工因为疫情因素都没有回到自己正常的工作岗位，但是在公司领导带领下，现有人员相互配合，严格遵守有关七问七查的疫控工作要求，每天加班加点，于2020年2月13日上午将第一批抗疫负压监护型救护车专用零部件发往南昌。据了解，负压监护型救护车能够最大限度地减少医务人员交叉感染，是当时疫区应急保障不可或缺的物资，我们"人人"集团用行动书写了答卷。同时我们参与了抗击疫情的捐款，尽自己的一份微薄之力，共筑爱的桥梁，也用行动谱写了一首"爱的奉献"。

傅海燕

大事年表

年份	内　容
2014	1. 1 月杭州人人集团有限公司被评为杭州市十佳福利企业 2. 1 月杭州人人集团有限公司被评为杭州市机器换人示范应用企业 3. 1 月"人人牌"汽车用组合开关被评为浙江省名牌产品（2013.12—2016.12） 4. 2 月杭州人人集团有限公司被评为杭州市十大产业重点企业 5. 3 月杭州人人集团有限公司被评为浙江省科技中小企业 6. 5 月袁伟国被评为拱墅区优秀科技工作者 7、2014 年 9 月杭州人人集团有限公司第四届工会委员会完成换届工作 8、2014 年 11 月杭州人人集团有限公司荣获江铃汽车股份有限公司 2014 年度质量进步奖 9. 12 月杭州人人集团有限公司荣获 2014 年度拱墅区政府质量奖 10. 12 月郭少为被评为杭州市优秀中小企业家 11. 12 月杭州人人集团有限公司党支部完成换届工作
2015	1. 1 月郭少为被评为区人大代表、工作积极分子 2. 1 月杭州人人集团有限公司荣获浙江省著名商标证书（2015.1—2017.12） 3. 2 月杭州人人集团有限公司开展 2015 年度"春风行动"捐款活动（拱墅区慈善总会） 4. 8 月杭州人人集团有限公司获得发明专利"一种车用组合开关"（ZL201210591996.9）证书 5. 11 月袁伟国模具团队荣获拱墅区"袁伟国钳工技能大师工作室"称号

年份	内 容
2016	1. 3月杭州人人集团有限公司开展2016年度"春风行动"捐款活动（拱墅区慈善总会） 2. 5月郭少为被授予杭州市劳动模范称号 3. 5月郭长财董事长随浙江省台办访问中国台湾 4. 6月杭州人人集团有限公司党支部被评为拱墅区民政局先进基层党组织 5. 9月杭州人人集团有限公司党支部完成换届工作 6. 9月杭州人人集团有限公司在海宁钱江君廷大酒店召开供应商大会 7. 10月杭州人人集团有限公司被评为中国汽车电机电器电子行业"电子电器十强"企业 8. 10月郭少为被评为中国汽车电机电器电子行业优秀青年企业家 9. 10月储国鸿荣获拱墅区"中天杯"焊工技能大赛优胜奖 10. 12月钱国钧被评为第三届杭州市优秀中小企业家 11. 12月"人人牌"汽车用组合开关被评为浙江省名牌产品（2016.12—2019.12） 12. 12月杭州人人集团有限公司捐赠径山寺建造藏经楼1700万元
2017	1. 1月杭州人人集团有限公司获得发明专利"车用组合开关"证书（证书号：ZL201510063276.9） 2. 1月杭州人人集团有限公司开展2017年度"春风行动"捐款活动（拱墅区慈善总会） 3. 3月郭长财校友参加浙江大学建校120周年活动,向浙江大学"人文汇基金"捐款，获得捐赠证书 4. 6月袁伟国模具团队荣获杭州市"袁伟国钳工技能大师工作室"称号 5. 8月杭州人人集团有限公司向天目山禅源寺捐公德款（临安西天目山禅源寺） 6. 8月28日杭州人人集团有限公司与泗安镇人民政府签约汽车电器项目（长兴县县委领导班子主持见证） 7. 9月2日浙江人人集团有限公司新厂区改造，径山寺戒兴方丈主持洒净仪式 8. 9月29日浙江人人集团有限公司在湖州市长兴县泗安镇注册成立 9. 11月杭州人人集团有限公司复评荣获国家高新技术企业 10. 11月杭州人人集团有限公司获得发明专利"一种车用组合开关"证书（证书号：ZL201510063394.X） 11. 11月郭少为被评为第十三届杭州市优秀企业家 12. 12月郭力为被评为第四届杭州市优秀中小企业家 13. 12月杭州人人集团有限公司被评为"拱墅区风云企业" 14. 12月杭州人人集团有限公司荣获拱墅区"发明专利产业化奖"

续　表

年份	内　容
2018	1.1 月浙江人人集团有限公司与浙江树人大学建立校外实践基地 2.1 月杭州人人集团有限公司向长兴寿圣寺公益事业捐款 3.2 月杭州人人集团有限公司参与"莪山精准帮扶助农活动"捐款活动（桐庐县莪山畲族乡人民政府） 4.2 月杭州人人集团有限公司开展 2018 年度"春风行动"捐款活动（拱墅区慈善总会） 5.2 月杭州人人集团有限公司荣获杭州市总工会"先进职工之家"称号 6.5 月杭州人人集团有限公司被评为"拱墅区大树企业" 7.5 月 11 日浙江人人集团有限公司党支部成立 8.5 月 29 日浙江人人集团有限公司工会成立 9.6 月 25 日浙江人人集团有限公司成立第一届监察办 10.8 月杭州人人集团有限公司第六届工会委员会完成换届工作 11.9 月浙江人人集团有限公司建立长兴县高校毕业生见习基地 12.11 月杭州人人集团有限公司全资收购浙江钱塘乐富科技有限公司（完成工商注册变更）——人人大厦项目 13.12 月"乘用车电源插座自动装配流水线"荣获杭州市职工"五小"创新成果 14.12 月杭州人人集团有限公司荣获广汽丰田 2018 年度品质协力奖 15.12 月"双金属片开口尺寸自动测试台"荣获 2018 年杭州市职工"五小"创新成果

年份	内 容
2019	1. 1月胡玉荣获2018年度拱墅区"助推六大专项行动奋进新时代"季度最美职工称号 2. 2月浙江人人集团有限公司被评为2018年度长兴县入库税收超千万元工业企业 3. 2月浙江人人集团有限公司入选湖州市工业"大好高"项目 4. 2月杭州人人集团有限公司开展2019年度"春风行动"捐款活动（拱墅区慈善总会） 5. 3月郭少为被评为"浙江省好企业家" 6. 3月毛潇潇被评为2018年度拱墅区优秀团员 7. 3月浙江人人集团有限公司完成SMT贴片车间新配电房的建设，SMT车间投入使用 8. 3月浙江人人集团有限公司向泗安镇帮扶基金慈善捐款（长兴县慈善总会） 9. 4月3日浙江人人集团有限公司召开第一届职工代表大会 10. 5月杭州人人集团有限公司捐赠建造的径山寺藏经楼落成 11. 6月浙江人人集团有限公司通过IATF16949质量管理体系审核，获证 12. 6月23日人人大厦项目（杭政工出〔2013〕11号）地块项目由径山寺戒兴方丈主持奠基祈福 13. 7月浙江人人集团有限公司荣获长兴县技能大比武工具钳工三等奖和优胜奖 14. 7月29日人人大厦正式破土动工 15. 8月袁伟国技能大师被列入2019"杭州工匠培训团"，赴美国培训 16. 10月杭州人人集团有限公司开展杭州市暨拱墅区第十四届"公民爱心日"捐款活动（拱墅区慈善总会） 17. 11月浙江人人集团有限公司通过ISO14001环境管理体系审核，并获证 18. 12月浙江人人集团有限公司被评为"湖州市三星级绿色工厂" 19. 12月浙江人人集团有限公司被评为"浙江省科技中小企业"

年份	内　容
2020	1.1 月杭州人人集团有限公司"汽车组合开关"被评为浙江制造精品 2.1 月浙江人人集团有限公司入选浙江省"放水养鱼行动计划培育企业"名单 3.1 月杭州人人集团有限公司党支部完成换届工作 4.2 月 4 日起浙江人人集团有限公司根据长兴县疫情防控指挥部要求，在公司宿舍对杭州等地返回泗安员工实施 14 天医学隔离 5.2 月 10 日杭州人人集团有限公司通过审批列入杭州市首批复工白名单企业，正式复工（新冠疫情期间） 6.2 月 13 日杭州人人集团有限公司完成首批负压救护车零部件紧急订单，发运江铃 7.2 月杭州人人集团有限公司开展"抗击疫情肺炎"捐款活动（拱墅区慈善总会） 8.2 月郭少为被评为 2019 年度拱墅区人大代表履职积极分子 9.2 月浙江人人集团有限公司入选长兴县"工业 50 强" 10.2 月浙江人人集团有限公司被评为 2019 年度"长兴县突出贡献企业" 11.2 月浙江人人集团有限公司被评为湖州市统计基础规范化建设"诚信示范企业" 12.2 月浙江人人集团有限公司开展抗击疫情捐款活动（长兴县慈善总会） 13.2 月浙江人人集团有限公司获长兴县公安局颁发的爱心证书（疫情慰问） 14.3 月杭州人人集团有限公司荣获广汽丰田 2019 年度品质协力奖 15.3 月杭州人人集团有限公司在新冠疫情期间，购买物资慰问大关街道和东新派出所一线工作者 16.6 月杭州人人集团有限公司"汽车电器触点模块智能装配检测系统"（杭州市工厂物联网项目）通过验收 17.12 月 17 日杭州人人集团有限公司开展杭州市暨拱墅区第十五届"公民爱心日"捐款活动（拱墅区慈善总会） 18.12 月浙江人人集团有限公司"全自动点烟器装配、智能化的模具加工数字化车间"荣获"湖州市数字化车间"称号 19.12 月杭州人人集团有限公司复评荣获"国家高新技术企业" 20.12 月杭州人人集团有限公司向径山寺公益事业捐款 21.12 月杭州人人集团有限公司荣获东风本田 2020 年度感谢状 22.12 月浙江人人集团有限公司通过评审荣获"国家高新技术企业"

年份	内 容
2021	1. 1月杭州人人集团有限公司和浙江人人集团有限公司共购买7台救命重器自动体外除颤仪（AED）安装在公司大门口等各处，提供心脏骤停紧急救援，也在公司大门招贴警示标志，提供社会急救 2. 2月浙江人人集团有限公司被评为2020年度长兴县省级"优质企业" 3. 2月浙江人人集团有限公司被评为2020年度长兴县"入库税收超千万元工业企业" 4. 2月浙江人人集团有限公司被评为2020年度"长兴县突出贡献企业" 5. 2月浙江人人集团有限公司获得发明专利"一种插座自动装配设备"（ZL201910304260.0）证书 6. 2月浙江人人集团有限公司通过"湖州市安全生产标准化三级企业（机械）"验收 7. 3月杭州人人集团有限公司荣获广汽丰田2020年度原价协力奖 8. 4月浙江人人集团有限公司向径山寺公益事业捐款 9. 5月郭力为被授予杭州市五一劳动奖章 10. 5月杭州人人集团有限公司"上汽电源插座机器人全自动装配机"荣获2020年度杭州市职工"五小"创新成果 11. 6月26日人人大厦举行结顶仪式 12. 8月浙江人人集团有限公司被评为"湖州市四星级绿色工厂" 13. 9月浙江人人集团有限公司/杭州人人集团有限公司与浙江树人大学签订实践教育（实习）基地协议 14. 9月杭州人人集团有限公司被授予浙江省"守合同重信用"AA级称号 15. 9月杭州人人集团有限公司第七届工会委员会完成换届工作 16. 10月郭少为当选杭州市拱墅区工商业联合会（总商会）第一届副会长 17. 11月杭州人人集团有限公司开展杭州市暨拱墅区第十六届"公民爱心日"捐款活动（拱墅区慈善总会） 18. 11月浙江人人集团有限公司向莲花村慈善捐款（长兴县慈善总会） 19. 12月杭州人人集团有限公司被评为"杭州市专利试点企业" 20. 12月杭州人人集团有限公司荣获东风本田2021年度感谢状 21. 12月9日杭州人人集团有限公司由于租户景川公寓出现无症状感染者导致公司封控13天，12月21日13：00正式解封 22. 12月杭州人人集团有限公司总经理郭少为购买防疫物资慰问大关街道一线工作人员

续　表

年份	内　容
2022	1. 1月杭州人人集团有限公司荣获广汽传祺2021年度最佳供应奖 2. 2月杭州人人集团有限公司被评为"拱墅区抗击疫情先进民营企业" 3. 2月郭力为当选长兴县第十七届人大代表 4. 2月李婷被评为长三角（湖州）产业合作区"统计奋斗者" 5. 3月杭州人人集团有限公司荣获2021年度拱墅区慈善事业突出贡献奖 6、2022年5月杭州人人集团有限公司开展"春风行动"捐款活动（拱墅区慈善总会） 7. 5月袁伟国被授予"杭州市拱墅区劳动模范" 8. 6月赖军被评为"拱墅区担当作为好书记" 9. 7月浙江人人集团有限公司党支部换届 10. 9月开展杭州人人集团有限公司全员参与杭州市暨拱墅区第十七届"公民爱心日"捐款活动（拱墅区慈善总会） 11. 11月浙江人人集团有限公司两项产品荣获浙江省省级工业新产品证书 12. 12月31日人人大厦竣工，3幢现代化大楼矗立园区 13. 12月杭州人人集团有限公司被评为"浙江省专精特新中小企业" 14. 12月浙江人人集团有限公司被复评为湖州市统计基础规范化建设"诚信示范企业" 15. 12月浙江人人集团有限公司荣获上汽通用五菱汽车2022年度感谢信 16. 12月郭力为当选湖州市新生代企业家联谊会、市青年企业家协会理事 17. 12月浙江人人集团有限公司向莲花村慈善捐款（长兴县慈善总会）
2023	1. 1月浙江人人集团有限公司被评为长三角（湖州）产业合作区"亩均效益优胜企业" 2. 2—3月浙江人人集团有限公司D楼旧厂房拆除，规划建设新厂房 3. 3月杭州人人集团有限公司党支部完成换届工作 4. 3月杭州人人集团有限公司被评为2022年度"拱墅区产业赛道领跑企业" 5. 3月浙江人人集团有限公司光伏发电项目并网发电 6. 4月杭州人人集团有限公司被评为2022年度"拱墅区平安示范单位" 7. 5月袁伟国被授予浙江省五一劳动奖章 8. 7月浙江人人集团有限公司SMT贴片车间扩建完成 9. 7月杭州人人集团有限公司开展杭州市暨拱墅区第十八届"公民爱心日"捐款活动（杭州市慈善总会） 10. 7月7日浙江人人集团有限公司第二届工会委员会换届